日本司法福祉学会

SHIHO FUKUSHIGAKU KENKYU
JAPANESE JOURNAL OF FORENSIC SOCIAL SERVICES

司法福祉学研究

2023

23

生活書院

更生保護法の改正による「入口支援」の法定化と運用上の諸問題

Legislation on "Support at the Start of Criminal Proceedings" for Suspects and Defendants Through the Revision of the Japanese Rehabilitation Act and Some Issues Related to its Implementation

土井政和*

1 更生保護法の改正

「刑法等の一部を改正する法律」が成立した．本法律は，懲役・禁錮刑を廃止し拘禁刑に単一化するなど重大な刑罰制度の改革のみならず，刑事司法と福祉の相互関係が問題となる更生保護法の領域においても大きな改革をもたらすものとなっている．そこで，ここでは更生緊急保護に関係するいわゆる入口支援を中心に，その法定化された内容と運用上の問題点について考えてみたい．（以下，今回改正された更生保護法を改正更生保護法という．）

2 法制審議会少年法・刑事法部会での意見

法制審議会少年法・刑事法部会では，検察段階における入口支援の取組について再犯防止の観点から以下の意見があった．「検察庁においては，いわゆる『入口支援』として，起訴猶予となる被疑者について 福祉事務所等と調整の上福祉的支援につなげるほか，保護観察所と連携して，起訴猶予処分前から更生緊急保護の事前調整を行う等の取組が行われているところ，これらの取組について，明示的規定がないこと，更生緊急保護の対象には起訴猶予処分前の者が

＊九州大学名誉教授

含まれていないこと，改善更生のために一定の働き掛けが必要な者に対して一定の事項を課した上で指導等を行う仕組みがないこと等について課題がある」[1].

そこで，ここに課題として指摘されている三つの点を中心に，今回の更生保護法の改正について検討する.

3　法定化

更生緊急保護事前調整の取組については，「勾留中の被疑者に対する生活環境の調整」として，改正更生保護法に次の明文規定が設けられた.

> 　第八十三条の二　保護観察所の長は，勾留されている被疑者であって検察官が罪を犯したと認めたものについて，身体の拘束を解かれた場合の社会復帰を円滑にするため必要があると認めるときは，その者の同意を得て，第八十二条第一項に規定する方法により，釈放後の住居，就業先その他の生活環境の調整を行うことができる.
>
> 　2　保護観察所の長は，前項の規定による調整を行うに当たっては，同項の被疑者の刑事上の手続に関与している検察官の意見を聴かなければならない.
>
> 　3　保護観察所の長は，前項に規定する検察官が捜査に支障を生ずるおそれがあり相当でない旨の意見を述べたときは，第一項の規定による調整を行うことができない.

いうまでもなく，被勾留者にも，身体拘束を解かれたのち，住居，就業先その他の生活環境を調整し，生活基盤を整えることができるよう更生緊急保護が円滑に開始されることは望ましいことである．しかし，他方で，上記規定については，更生緊急保護制度の理解や運用上の問題点もある.

4　問題点

第一は，法制審議会少年法・刑法部会で第二の課題とされた，「起訴猶予処分前の者」も含む対象者の拡大についてである．改正更生保護法は，更生緊急

4

保護の対象者の規定を，従来の「訴追を必要としないため公訴を提起しない処分を受けた者」から「検察官が直ちに訴追を必要としないと認めた者」（第85条第1項第6号）に改めた．これにより，起訴猶予により釈放された者のみならず，処分保留で釈放された者（以下，処分保留者という．）も対象に含まれることになった[2]．その結果，検察官の要請により保護観察所が生活環境の調整を行い，処分保留者のその後の生活状況について保護観察所の長が検察官に通報することにより，検察官がそれを参考にあらためて当該処分保留者の起訴・不起訴を決定するという運用も予想される．これは，改善更生のために一定の働き掛けが必要な者に対して一定の事項を課した上で指導等を行う仕組みがないという，法制審議会少年法・刑法部会中の意見における第三の課題に関わる点でもある．ただ，改正更生保護法では，いわゆる条件付き起訴猶予の明文化は行われなかった[3]．しかし，検察官が，起訴猶予処分の決定に躊躇を覚えたとき，再犯防止の観点から被疑者を処分保留とし，その経過を見て起訴・不起訴の決定を行うことになれば，処分保留者は長期間不安定な地位に置かれることになり，かえって更生が妨げられることになりかねない．また，処分保留者の数が増加する可能性もある．今後の運用に注目したい．

　第二は，被勾留者に対する入口支援が，検察官による更生緊急保護の片面的構成（「起訴猶予に結びつけた再犯防止措置」）ともいうべき制度になっていることである．「更生緊急保護事前調整モデル」（2013年開始）が全国の保護観察所に拡大され，「更生緊急保護の重点実施等の試行」（2015年開始）として，検察庁が事実上対象者を選定する権限をもち，その依頼により保護観察所が福祉とのつなぎの役割を負わせられる運用になると，再犯防止目的が前面に出るようになった[4]．従来，入口支援は，弁護士，検察官が福祉機関と独自に連携する形態をとっており，弁護士，検察官からの相談を受けて，福祉機関が主体で対象者を選定し，支援を開始できる体制であった．それゆえ，地域生活定着支援センター（以下，定着センターという．）など福祉機関職員が情状証人として出廷し，あるいは更生支援計画の作成を行うことも可能であった．

　ところが，改正更生保護法の規定（第83条の2）では，保護観察所の長は，生活環境の調整を行うにあたっては，被疑者の刑事上の手続に関与している検察官の意見を聴かなければならず，また，検察官が捜査に支障が生ずるおそれ

があり相当でない旨の意見を述べたときは，調整を行うことができない．その
ため，法文の主体は保護観察所の長となっているものの，実質的には，検察官
の意向に沿って更生緊急保護が行われることになる．現在すでに「高齢・障害
被疑者等支援業務」（以下，被疑者等支援業務という．）が始まり，弁護士も勾留
中の被疑者の緊急更生保護の必要性については検察官と相談し，検察官がその
選定を行うという運用に変化している．そもそも更生緊急保護は，一般福祉サー
ビスへのつなぎとして，緊急の支援を求めるために，本人から保護観察所への
申出によって開始されるのが原則である．被勾留者にも更生緊急保護の申出
を認める以上，本人もしくはその代理人たる弁護人による更生緊急保護の申出
について保護観察所は適切に対応する必要があろう．これは次の第三の問題と
も関連する．

　第三は，定着センターの被疑者等支援業務の限定性である．定着センターは，
高齢又は障害により自立が困難な矯正施設退所者に対し，退所後ただちに福祉
サービス等につなげ，地域生活に定着をはかるため，保護観察所からの依頼に
よって支援を提供する地域生活定着促進事業を行なっている．設置当初，主た
る対象は矯正施設からの釈放者であったが，2021年から被疑者等支援業務が
追加され，刑事司法手続の入り口段階にある被疑者・被告人等で高齢又は障害
により自立した生活を営むことが困難な者に対して，釈放後直ちに福祉サービ
ス等を利用できるように支援を行うようになった．ところが現在，被疑者段階
では，被疑者等支援業務は，実務上，検察官から保護観察官を経て定着セン
ターへ依頼されるルートに限定されている．上述のように，弁護人から被疑者
等支援業務の対象者として選定を求める場合には，検察官と直接相談するよう
求められる．弁護人から被疑者等支援業務になじむのではないかと提案しても，
被疑者等支援業務にのらず，検察庁に設置されている再犯防止対策室等（名称
は検察庁ごとに異なる）の独自調整になってしまっている案件も少なからずあ
ると聞く．弁護人から定着センターへの支援の依頼は，被疑者等支援業務の
枠組みにはのせられず，定着センターの被疑者等支援業務としてカウントされ
ていない．それゆえ，弁護人からの依頼に基づき，定着センターが，かりに更
生支援計画書の作成などの支援業務を行ったとしても，それは予算上加算のつ
かない相談支援業務の一つとされるのである．起訴段階において弁護人によっ

て準備が開始された更生支援計画書は，裁判段階で裁判所にも証拠として提出され得るし，実刑判決を受けた場合には刑の執行段階である刑事施設へと引継がれることになっている．「刑事施設における更生支援計画書の活用について（通知）」（法務省矯成第 474 号，令和 5 年 3 月 28 日）には，「更生支援計画書（以下「計画書」という．）は，主に裁判上の資料とする目的で，社会福祉士等が弁護人からの依頼を受けて作成する，被疑者又は被告人に必要な福祉的支援策等について取りまとめた書面であり，障害等を有する者に対する福祉的支援の必要性や具体的な支援方策が記載されているなど，当該者が受刑者となった場合においても，社会復帰支援等を実施する上で有益な資料となり得るものです」と記載されている．そうだとすれば，この計画書は公的に利用される文書ともなりうるのであって，その作成支援を定着センターの被疑者等支援業務から排除すべきではないであろう．定着センターの専門職としての公正中立な立場を考慮し，被疑者等支援業務は，検察官のみならず，弁護士からの依頼にも開かれるべきであるし，公的機関から対象者の情報提供や面接等についての配慮も求められよう．

［注］
1　法制審議会第 6 回会議配布資料「分科会における検討（中間報告）」第 3 分科会「起訴猶予等に伴う再犯防止措置の在り方（中間報告)｣)
2　小林隼人「第二次再犯防止推進計画について」刑政 134 巻 4 号（2023 年）18 頁.
3　その批判については，日弁連「検察官による『起訴猶予に伴う再犯防止措置』の法制化に反対する意見書（2018 年 3 月 15 日)」など参照.
4　拙稿『「刑事司法と福祉の連携」の権利論的構成』刑事立法研究会『「司法と福祉の連携」の展開と課題』（現代人文社，2018 年）14-15 頁.

目　次

自由研究
（論文）

精神保健福祉の視点から見た
更生保護における犯罪被害者支援の現状と課題
——保護観察所の被害者担当官及び被害者担当保護司の語りの分析から

Current Status and Issues of Support for Crime Victims in Offenders Rehabilitation
from a Viewpoint of Mental Health and Welfare:
Through the analyzing the Narratives of Probation Officers and Volunteer Probation Officers
in Charge of the Crime Victims in Probation Office

中村秀郷 *

1 研究の背景

我が国の犯罪被害者等に対する支援施策は，2004（平成16）年に犯罪被害者等基本法が成立して以降，急速に整備されてきた．翌2005（平成17）年には犯罪被害者等基本計画（第一次）（以下，基本計画）が策定され，国が責任をもって行う258の施策が掲げられた（伊藤2016:53）．以後，2011（平成23）年に第2次，2016（平成28）年に第3次基本計画が策定された．そして，2021（令和3）年3月30日，2021（令和3）年4月1日から2026（令和8）年3月31日までを計画期間とする第4次犯罪被害者等基本計画が閣議決定された．同計画では第1次基本計画から第3次基本計画までと同様，4つの基本方針と5つの重点課題が掲げられている．更生保護における犯罪被害者等施策に関しては，「Ⅴ 重点課題に係る具体的施策」の「第2 精神的・身体的被害の回復・防止への取組」の中の「2 安全の確保（基本法第15条関係）」において，(3)更生保護における犯罪被害者等施策の周知，(16)再被害の防止に資する適切な加害者処遇が定められている．また，「Ⅴ」の「第3 刑事手続への関与拡充

* 西南学院大学人間科学部准教授

への取組」の中の「1 刑事に関する手続への参加の機会を拡充するための制度の整備等（基本法第18条関係）」において，(25)犯罪被害者等の視点に立った保護観察処遇の充実が定められている．さらに，「V」の「第4 支援等のための体制整備への取組」の中の「1 相談及び情報の提供等（基本法第11条関係）」において，(27)更生保護官署における被害者担当保護司との協働及び関係機関・団体等との連携・協力による支援の充実，(28)被害者担当の保護観察官及び被害者担当保護司に対する研修等の充実などが定められている．

　更生保護における犯罪被害者等施策（以下，被害者等施策）は2007（平成19）年12月から開始され，(1)意見等聴取制度，(2)心情等伝達制度，(3)被害者等通知制度，(4)相談・支援の4つの制度から成り，各保護観察所に被害者担当官及び被害者担当保護司が配置されている．ここで被害者担当官とは被害者等施策を担当する保護観察官であり，被害者担当保護司とは被害者担当官の事務を補助する保護司であり，両者とも被害者担当の間は加害者の処遇は担当しない．

　被害者等施策に関する先行研究を概観すると，大場（2009）は本施策の概要及び施行後1年の課題について論じ，久保（2010）は被害者等施策の基本的枠組みと運用の実際等について概括している．また，西崎（2015）は被害者等施策の4つの制度概要及び心情等伝達制度の事例等について概説し，辰野（2015）は近年の同施策の実施状況を概観した上で今後の課題を論じている．このように先行研究では制度・施策の背景・制度全般を概括したものが多い．

　被害者等施策に関する実践報告を概観すると，井坂（2010）は同施策導入の準備時期の名古屋保護観察所内の体制整備からネットワーク構築の状況及び導入初期の実践事例について論じている．また，本施策の4つの制度に焦点を当てた実践報告を概観すると，左近寺（2015）及び倉谷（2018）は心情等伝達制度の実務，大橋（2018）は意見等聴取制度の実務，水谷（2011）は意見等聴取制度及び心情等伝達制度の事例研究，堤（2021a，2021b）は心情等伝達制度の現状と課題について運用事例を踏まえて論じている．また，日本更生保護協会発行の月刊誌「更生保護」において，被害者担当保護司による日々の被害者支援業務への思いや被害者等への配慮の内容等が報告されている（福冨2021ほか）．このように先行研究において被害者担当官及び被害者担当保護司の実務

の一端が明らかにされている.

　被害者等施策に関する調査研究を概観すると，伊藤・中村（2015）は法務省保護局から提供を受けた全国的な実施状況データ「被害者等の心情等を加害者に対して伝達したケース」92件を分析し，心情等伝達制度の利用実態を明らかにしている．さらに伊藤（2016）は全国の保護観察所に勤務する被害者担当官及び被害者担当保護司を対象に質問紙調査を実施し，現場担当者の視点から見た同制度の現状を明らかにしている．

　しかし，実践報告は個人の経験を語ったものであり，質問紙調査は被害者支援の現状を数値で表しているが，その背景・要因などのプロセスを明らかにしたものではない．また，これまで保護観察所の被害者担当官及び被害者担当保護司を対象にインタビュー調査を実施し，語りの分析を通して同施策の現状について考察した研究はなされていない．同施策導入から15年経過した現在，実践現場において様々な課題が表出している一方，被害者等への配慮の方法など支援ノウハウが蓄積されていると考えられる．

　そこで本稿では，このような背景を踏まえ，被害者等施策の担い手から見た実務の現状と課題を明らかにしていきたい．

　なお，本稿で「被害者等」は犯罪被害者，その家族及び遺族を含むこととする.

2　精神保健福祉と犯罪被害者支援

　ここで本論文において考察を行う精神保健福祉と犯罪被害者支援の関係を検討するに当たり，犯罪被害者支援における精神保健福祉士等の活用及び精神保健福祉士養成課程における犯罪被害者支援の取り扱いの動向等について簡単に触れておきたい．

　第3次基本計画では,「Ⅴ　重点課題に係る具体的施策」の「第4　支援等のための体制整備への取組」の中の「1　相談及び情報の提供等（基本法第11条関係)」「(3)地方公共団体における専門職の活用及びこれらとの更なる連携・協力の充実・強化」において,「警察庁において，地方公共団体に対し，犯罪被害者等の生活支援を効果的に行うため，犯罪被害者支援分野における社会福祉士，精神保健福祉士及び臨床心理士等の専門職の活用を働き掛ける．」が規

定され，同様の内容が第 4 次基本計画にも引き継がれている．これは犯罪被害者等の地域生活支援において社会福祉士，精神保健福祉士等の専門性に期待されていることを示している．

　また，精神保健福祉士養成課程においては，従来から犯罪被害者支援が精神保健福祉の課題として捉えられていた．2012（平成 24）年度から始まった旧カリキュラムの専門科目「精神保健の課題と支援」の教育に含むべき事項「⑤精神保健の視点から見た現代社会の課題とアプローチ」の想定される教育内容の例には「災害被災者，犯罪被害者の精神保健」が規定されていた（厚生労働省社会・援護局障害保健福祉部精神・障害保健課 2010）．同様に，2021（令和 3）年度から始まった新カリキュラムでは，専門科目「現代の精神保健の課題と支援」の教育に含むべき事項「⑤精神保健の視点から見た現代社会の課題とアプローチ」の想定される教育内容の例には「2.　犯罪被害者の支援」が独立して規定された（厚生労働省社会・援護局障害保健福祉部精神・障害保健課 2019）．このように我が国において犯罪被害者支援が精神保健福祉の課題としてソーシャルワーク専門職に認知されていることが分かる．

　本稿では，基本計画においてソーシャルワーク専門職等の活用について提言され，精神保健福祉士養成課程のカリキュラムに「犯罪被害者の支援」が規定されていることを踏まえ，被害者支援に関わる職種である被害者担当官及び被害者担当保護司の語りの内容に対して，精神保健福祉の視点から考察を加えていきたい．

3　研究目的

　本研究の目的は，被害者担当官及び被害者担当保護司の語りの分析を通して，更生保護における犯罪被害者支援の現状と課題を明らかにし，その実態を体系的に整理することである．

4　研究の方法

(1) 調査対象者（研究協力者）：研究協力者は保護観察所の被害者担当官 6 名

及び被害者担当保護司 2 名であった（元職含む）．属性に関しては，年齢は 30 代 2 名，40 代 2 名，50 代 3 名，60 代 1 名，従事年数は 1 年，3 年，4 年，7 年，8 年が各 1 名，2 年が 3 名であった（＊従事年数 1 年未満は切り上げ）．

(2) 調査実施期間：2019（令和元）年 12 月から 2022（令和 4）年 6 月であった．

(3) データ収集方法：研究協力者の属性（年齢，被害者支援及び加害者処遇の従事年数等）を確認し，1 名あたり 20 分から 40 分程度の個別インタビューによる半構造化面接を実施した．インタビュー内容は，「支援の実際」「困難性」「対処プロセス」「実務上の工夫」「被害者等への配慮」など幅広く聴き取りを行った．

(4) 倫理的配慮：研究協力者には，文書及び口頭により，研究の趣旨，個人情報の扱い，研究成果の公表等について説明を行い，同意書に署名を得てインタビューを実施した．本研究は，日本福祉大学大学院「人を対象とする研究」に関する倫理審査委員会（申請番号 15-005 及び 17-001）及び西南学院大学「人を対象とする研究」倫理審査委員会（承認番号 2021-4-1）の審査・承認を得た．

(5) 分析方法：本研究では，質的記述的分析法を参考に調査データの分析を行った（グレッグ他 2016）．具体的には，研究協力者の「語り」を読み込み，文脈ごとに意味内容を解釈し，意味内容が似ている「語り」を集めて分析単位とし，類似したものを統合して文脈単位に整理し，さらに同様の作業を行い，文脈単位を統合してカテゴリーを生成した．

5　結果と考察

本研究では，被害者担当官 6 名及び被害者担当保護司 2 名を対象にインタビュー調査を実施し，逐語データに対して質的記述的分析法を参考に分析を行った．分析結果から 13 個の文脈単位が生成され，〈被害者等との対応における課題〉，〈被害者等施策の制度運用における課題〉，〈加害者担当との連絡・調整における課題〉，〈想定していない対応の課題〉の 4 つのカテゴリーに収斂された（表 1, 2, 3, 4）．本節では，最初に被害者等施策の 4 つの制度について概括する．そして，本研究で生成された 4 つのカテゴリーごとに先行研究と比較考察を行い，これを踏まえた上で精神保健福祉の視点から語りを考察していく．

表 1　被害者等との対応における課題

カテゴリー	文脈単位	分析単位
1 被害者等との対応における課題	(1) 感情的な言動への対応の難しさ	A72-76: (中略) まず，被害者が半分近くがお怒りモードで電話がかかって，(中略)「うちの対象者が加害者で」っていうの，なので「一体どうなってるんだ」とか，「保護観察所，何やってるんだ」っていうようなことで，(中略) 相手を怒らせないように，ビクビクする必要はないですけども，言葉の使い方とか，説明の方法，丁寧な説明．やっぱこちらも行政としてできること・できないことっていうのがあるので，「これについてはできます」「それについてはできません」っていうのは，ちゃんと伝えないといけないんですけど，言い方，言う順番とかいうのが，やっぱ配慮がいりますよね．対被害者っていうのに対しては．
		B104-106: (中略) 被害弁償，あるいは返済の類い，お金絡みのトラブルというか，お金絡みの事件のもの，いわゆる，死傷事件であればそういう感情的な求めがどうしても大きいんですけど，(中略)「お金のどうしたこうした」っていう部分をこの被害者支援の相談っていうことで持ち込まれるんですけど，ほんとに対応がいたしようがないっていうようなところで，これもちょっと辛いところ．(中略)
		C142-144: (中略) 要するにそういうこちらの人格といいますか，やる気を疑うような，(中略) こちらは制度に則ってやってるので，本来そういうこと言われるのはちょっと違うのではないかと思うんですけど，そういうこちらの怠慢を疑うような言葉があると，やり辛いといいますか．それも被害者である以上，言葉を選ばなければいけないので，はい．
		E28-32: そうですね，怒る方も見えますし，(中略)「あなたはそれで被害者担当官なんですか，被害者の人なんですか」みたいな，(中略) そういう趣旨のことを言われる．
		F4-6: 私が思うのは，結局被害者を大切にする，被害者に寄り添うっていうことは分かっているんだけど，事案にもよるけど，被害者の立場分かっても，なんか一方的に観察官とか加害者側を責めるというか，下手をすると，加害者以上に責める被害者もいるような気がした．(中略) 暴言がひどすぎる．
	(2) 二次被害防止を意識した対応の難しさ	A80-82: (中略) 二次被害っていう言葉が「この観察所の対応で，2次被害にならないように」っていうのも，元々の (法務省保護) 局からもそういうことを言われるので，それがまず前提として存在するので，その言い方とか，言葉の使い方は結構，気い使いますね．
		B192-198: (中略) 二次被害防止にちょっと繋がるかもですけど，あくまで保護観察所の人間ということで接してるっていうんで，相手側を見てるところがあるんで，自分がそれは匂わせる．要は加害者の保護観察官っていうふうな，「あ，やっぱそういう人なんだよな」って思われるような言い方，接し方，(中略) あとは，その人の側をなんかみるような感じに取られるような言い方・表現の仕方ですかね．そこは気をつけないといかんな．それこそ，援助的な接し方になるので，その人の味方になってあげなきゃならんっていうところなのに，加害者側の味方であれな，その人にとってみりゃぁ極端，敵なので，(中略) そういう言い方されると，すごいもう言い訳みたいなっていうっていうところはまず，心構えとしては気をつけますかね．
		B202-206: (中略) 特に被害者の方は，イーブンの立場で接したら，相手は必ずしも支援されてるとは感じないので，ある程度やっぱり寄せてあげなきゃならんし，加害者の観察官としての言動とはちょっと裏切りな部分も多分あると思うんですけど，それはしっとやらなきゃいかんっていうところ，やらなきゃならんと思うし，それもまたストレスかなと．
		D30-34: すごい気をつけるっていうことか，被害者対応において気をつけることですけれども，やはり先に処遇の観察官を経験しているので，発言が処遇の観察官であったときの自分が被害者さんに移ってしまわないような配慮．具体的にいいますと，事件について加害者の肩を持ってしまう，厳密にいうと，加害者の肩を持っていると被害者の方が認識されるような言動っていうか，しないようにっていうことか気をつけています．
	(3) 応えられない要望への対応の難しさ	A140-144: (中略)「加害者と直接会わせろ」とか，「加害者の住所を教えろ」とか，(中略) 理由聞いても，教えられないものは教えられないので，(中略) (*: 結構，罵声をあげることあるんですか．) そういう人もいます．私，1回，「加害者の住所を教えてください」って言われて，「それは教えられません」って答えて，でも教えられないっていう言葉のやり取りをしてて，「それでも，こちらはお教えすることはできません」って答えたら，最後に「何かあったら恨むぞ」って言って，ガチャンって切られましたから，(中略)
		C106-114: (中略) 制度としてできること・できないことがある中で，被害者が望んでいることは多くは制度外のこと，(中略) 結局，こちらも支援する気持ちはあっても，制度に則るとできないことの説明に終始してしまうことがありました．(中略)「被害弁償させて欲しい」ということでしたり，被害者感情が悪ければ「加害者に会いたい」という，「加害者などや加害者を処遇している観察官に会いたい」ということで要望を受けるけれどもこちらは「それは応じられない」ということで，(中略)「被害者担当官でそこは対応しなさい」ということで，結局そうですね．そういうことで被害者担当官がその被害者の望むことをストップかけるような，支援とは結果的には真逆のような，(中略) もう諦めて，その支援を望まない方もいれば，その被害者に対してではなくて，その被害者支援をしている観察所に対して猜疑心といいますか，不信感ですよね．攻撃対象になってしまうようなことも，実際．
		C210: その制度を踏まえずに「被害者として，こうして欲しいから」という話があって，それは，被害者としてごく自然なことなんですけど，(中略) 制度が噛み合わないと，話が解らず終始し，こちらは「できない」という説明に終始してしまいますので，そこをもう少し，制度のことを分かってもらえると，もう少し建設的な現状，できることのお話ができるのかなと．
	(4) 頻回・長時間・電話対応の難しさ	B100-102: 相談がどうしても冗長になりがちっていう，これはもうちょっとある程度，仕方ないところかなとは思いますけど，(中略) 情緒的な相談で，要するに冗長，長々と同じ話繰り返されたりとか，1回相談を受けると回数などが頻回などってなったり，1回辺りの相談がどうしても長くなったりとか，どうしても心情に寄り添うっていうことをいわれるので，あまり打ち切って いうこともしがたいところがあって，(中略) 基本的にはやっぱり，相談としてしっかり傾聴というのか，受け入れっていうことを，「寄り添う」ですね，やっていかなきゃならんというところ．(中略)
		D8-14: はい，難しさを感じるのは，保護観察所での支援の場合，電話による支援というのが非常に多いので，相手の表情などが見えないというところで，その辺りで感情の機微などを声だけで判断しなくてはいけないところに難しさを感じます．(中略) やっぱり表情が見えないので，被害者さんが不安の気持ちから言っている言葉を自分自身に対する怒りと捉えてしまうような，例えばそういうふうなちょっと背景の気持ちを若干見違えてしまうような場面というのもあって，そこの難しさがあるかなと．(中略) やっぱり表情などの情報がカットされてしまうので，主訴を把握するまでに時間を要するかなと，(中略) 長い人だと30分で，あと，とてもよく電話がかかってくる人だと，つい最近だと3か月の間ぐらいのところで10回程かかってきた方とかもいますかね．
		F50: 言いたいこと言っただけじゃなくて，もちろんその中かの１回の取り組みもって，で，粘る，(中略) その内１回は，１回どころじゃないな，半分は１時間以上やっていたと思うんで，(中略) １時間ぐらいはやってたね，部屋で，(中略) 当然，私の対する言葉，言葉に納得できないと，(中略) 言葉尻，むしろ言葉内容そのものよ．結局それにすぐお答えできない．要するにそれを制度の仕組みがどうだってのを，(中略) 被害者側に伝えてっていくみたいな．
		G20-28: (中略) 被害者さんが同じ話を繰り返すんですね，(中略) 3回繰り返したときには上手に話を溜めるように気をつけていました．(中略) 無限のループが始まるので，その間，他の被害者との電話が話し中になって繋がらないといけないので，そこはある程度かな，45分と私は決めていました．(中略) 女性の場合ですけど，ある程度そういう，それぐらいの時間，エネルギーを発散すると治まっていくなっていう，(中略) 同じ話でも45分は聞こうと思っていました．はい．

（1）更生保護における被害者等施策の各制度

　ここで研究協力者の語りの中に出てくる被害者等施策の各制度について触れておきたい．まず，被害者等通知制度は加害者の保護観察の状況などを被害者等に通知する制度であり，保護観察の開始・終了・期間，特別遵守事項の内容，各月の面接状況などが被害者等に通知される．次に，心情等伝達制度は保護観察中の加害者に被害者等の心情を伝える制度であり，被害者担当官が被害者等の心情等を聴取し，加害者処遇の保護観察官が加害者に対して伝達し，被害者等に伝達結果が通知される．また，意見等聴取制度は地方更生保護委員会が行う加害者の仮釈放・仮退院の審理において被害者等が意見を述べることができる制度である．これらの３つの制度は実施できる期間が限定されている．一方，相談・支援は被害者担当官及び被害者担当保護司が被害者等の不安や悩み事の相談に応じ，必要に応じて関係制度の説明や関係機関の紹介などを行う制度であり，支援期間が定められていないのが特徴といえる．

　本研究では，保護観察所の被害者担当官及び被害者担当保護司を調査対象としているため，主に被害者等通知制度，心情等伝達制度，相談・支援の３つの制度の実践に関する語りの内容が分析結果として表れている．

（2）調査分析結果

①被害者等との対応における課題

　本カテゴリーは，被害者等の〔感情的な言動への対応の難しさ〕，〔二次被害防止を意識した対応の難しさ〕，〔応えられない要望への対応の難しさ〕，〔頻回・長時間・電話対応の難しさ〕の４つの文脈単位で構成されている（表1）．

　堤（2021a: 150）は法の枠組みの中で行う支援であるため，どうしても「できません」と伝えなくてはならない局面があり，このことが被害者担当業務の中で最もつらいと感じていると述べている．そして，加害者が被害弁償を行わないことが多いが，そのことを被害者等が相談できる場所が乏しい点を課題として挙げている．また，左近寺（2018: 167）は相談支援機関の不足により本来保護観察所で対応することが困難な事案の相談も受けざるを得なくなり，そのような事案においては，相談者の満足度も低くなりがちであると指摘している．被害者担当官及び被害者担当保護司は，様々な被害者等の相談に応じ，寄り添

表2　被害者等施策の制度運用における課題

	カテゴリー	文脈単位	分析単位
2	被害者等施策の制度運用における課題	(1) 利用できる期間が限定されている制度の難しさ	D36-40: 心情等伝達の困難なところというのは、一つは期間が限られていること、(中略) 聴取から伝達までの期間、要は伝達の最後のゴールのところが限られているところですよね。(中略) ちょっと被害者さんの申し出されたタイミングによっては、聴取はできたとしても伝達までできないというパターンもあるでしょうから、というのが一つと、実際の聴取事務の中で困難を感じることといえば、やはり被害者として求めることってあると思うんですて行けども。(中略)
			H116: きっとモヤモヤした状態のまま、どうしていいのかよくわからないまま放置していう方もきっといるんだろうなっていう、今思いますね。(中略) 被害者の場合は、やっぱり期間限定っていう中で、どうしようどうしようと思ってる間に終わっちゃったってこともきっとあるんじゃないかなと。
		(2) 加害者に履行を強制できない制度の難しさ	D42-44: 被害弁償してくれないか、誠意を見せて欲しいとか、これが伝達したときにその加害者の能力においては結構頑張っているようなこととかもあるんですけれども、今、処遇の観察官のことを言いましたけど、加害者が割と頑張っているような反応であっても、被害者の方にとっては、(中略) だから、そこのすれ違いのところってなかなか、調整をする必要があるかどうかはちょっと別として、難しい問題かなと思います。
			F12-16: (中略) とにかく『お前は一体どっちの立場なんだ』と、(中略) そしたらもうちょっと誠意を示し、誠実にっていうか、決してこっちは暴言吐いているつもりでも何でもないんだけど、要するに結局いらっとさを感じたと思うんだわ。結局被害者が望むことを加害者がやらなくて、それで『一体どうなってるんだ』と、(中略) それは結局被害者担当官は被害者の立場になって加害者側に言ってくれて、それに何でも応えてもらえるかと思ったら制約がありまず、いや、なんかもうその制度はあれだけど被害者側に応えられないっていうか、それ被害弁償のお金のことだったと思うけど、『じゃ何のためにこの制度あるんだ』と、『ただ俺たちの話を聞くだけで、何にも実行伴ってこないじゃないか』と、『あなたたちに話したからって、被害者からすぐ被害弁償されるか、何の応答もなく』。
			G66: やはり被害者さんの大半はそこの部分なんですね。まだ裁判のときには弁償すると言ったのに実際払えてないけど、仮釈放つけるんだっていうそういうクレームを受けるわけですけど、心情伝達でもやはり同じことを言うんですが、あらかじめ私達にその取り立てる、強制、ないですっていうことをお話して、でもお気持ちはどんどん伝えていきましょうかということで、心情を取っていくんですけど、何て答えたらいいのかが思うことはいっぱいあるんですけど、今言葉にも上手くできなくて。
			G104-108: 制度自体ですか、正直なところ、被害者の全ての要望には応えられず、限界があると感じています。(中略) まだ被害者さんからの要望というのが応えれないことが多くて、といいますのは、加害者は今どこで何をしているか、加害者の住所が教えてほしい。そういったことはお答えできないですから、でも、主にそういうことですよね、被害者さんの聞きたいことは、(中略) 課題だと思います。やはり被害者さんに言われるのは、加害者のための制度でしょっていうことはよく言われます。で、そもそもが再犯をさせないための制度、ということを言われるので、もうそれを言われるとぐうの音も出ません。(中略)
		(3) 通知内容が限定されている制度の難しさ	A162-174: まず、(中略) 被害者さんに教えられることが、まだまだ限定、(中略) 教えてあげてもいいことって、もっとあるんじゃないのかな、例えば、さっき言った『住所教えられない』っていうのは、いわゆる復讐で被害者さんが、リベンジに行って、新しい事件、新らしい被害にならないためにっていう意味合いが大きいんですけど、でも、それでも例えば、性被害の人とか、DVの人とかで、どこに住んでるか、(中略) 例えば、『事件のときに住んでたとこには住んでません』とか、『あなたと同じ市町村には住んでません』っていう、その個人の住居が限定されない範囲で、教えられるところは教えてもいいのかな、(中略) それが被害者のためにもなるし、制度の趣旨に合うっていう感じと思うんですけど、(中略) っていうのは1つ思います。で、あと、例えば、『今、働いている』、『働いていない』、『仕事探し中』とか、そういう話とか、(中略) 『けがして入院した』とか、そういう話とか、(中略) 『けがして入院して収入がない』とか。
			C196-198: そもそもその制度に限界がある、(中略) できないことが多いということで、例えば通知制度に関して言えば、その通知する事項というのは、おそらく被害者の方が望むことはあまり含まれてないのかなと。で、例えば、そういったところをもう少し望むことというのは、おおよそどの被害者でも共通するところがあるでしょうから、それを上手く通知制度で通知できる事項に持っていけるといい。
			D84: 通知制度はまだまだ被害者さんのニーズには合っていないですし、もうちょっと盛り込める内容って行政機関の工夫次第ではあるかなというところ。
		(4) 心情等聴取の対応の難しさ	B130-132: 被害者側のことで言うと、やっぱ話が錯そうしがちなので、どうしても出来事部分と、そういう内面の葛藤部分がグチャクチャしがちで、そこはあまり尋問みたいにしてはいけないので、けど、まあまあ相手側の負担もあるから、あんまり時間もかけられないというところで、結構色々追い立てられるところはあるなと、その事務処理として、そこはなかなか悩ましいなというふうに、理整するのも、限られた時間でやるのも、すごい大変かなっていうふうには思います。
			B140: そういう不穏な言動みたいなものがあったときですか、(中略) 『死んでやる』とか、『殺す』とか、あと、まあまあほんと、相手方に対する罵詈雑言っていう言い方でいいんですかね、(中略) 話としては聞きはしますし、そこまで乱暴なもんじゃないんですけど、無理筋みたいな、何だろう、『息子を返してください』的なことだと、いや、言いたくなる気持ちは分かる。それは自分での聞き取ったときには、それはもう『お伝えをする』っていうことにしましたけども。
			B156-164: きっと本当に殺せる、あるいは相手が死んでくれたら、それはそれでいいんだろうけど、でも多分、それが本当の意味での目的じゃないんだろうなと、なんかそういうことを言って、それが限定れて、多少、その背景に何かあるんだろうなと、で、そこはその背景にいかように汲み取ってやるっていうところで、着地点をそこから見出したいなっていうふうな感じで接してましたかね。ちょっと葛藤とは違うかもしれませんけど、(中略) 結局、矛盾する、あるいはほんとに無理筋というか、すごく、で、ほんとにそれ、かなっちゃったらかなっちゃったら、この人もじゃあどうなんだろうっていうふうに感じるのかもしれませんけど、(中略)
			B170: (中略) 無理筋な発言とか問題のある発言を、伝書鳩がごとく伝えたところで、まあまあ自分的には『あ、仕事を果たした』ことには別にならないですし、加害者などに、それこそストレス与えることに、あるいは、当の対象者、加害者の側にも別にいい結果もたらさないし、回り回って、その当の被害者の方も、それで満足するっていうたら、必ずしもそうでもないので、そのなかで、どういうのが。
			E40: 心情伝達は言われたことを被害者担当官が文書に起こしてやりますね。その文書に起こすことが被害者の方と色々話しながら作るんですけど、そこを上手く伝えるのがなかなか難しいなと思いました。
			E64: 例えば被害者から私が話を聞くと、もう涙がぼろぼろぼろぼろとこぼれる。でも、それを文書にして加害者に伝えると、そういうところまでは伝わらないということですかね。

う気持ちで支援に臨んでいる．それ故に制度的限界で要望に応えられず，やり場のない被害者等との対応に難しさを感じている現状が，本研究において文脈単位として現れたと考えられる．

②被害者等施策の制度運用における課題

本カテゴリーは，加害者が保護観察中であるなど〔利用できる期間が限定されている制度の難しさ〕，被害弁償など〔加害者に履行を強制できない制度の難しさ〕，被害者等通知制度において〔通知内容が限定されている制度の難しさ〕，心情等伝達制度における被害者等からの〔心情等聴取の対応の難しさ〕の４つの文脈単位で構成されている（表2）．

法務省保護局（2020）は，被害者等施策の課題として，制度利用可能な者の範囲の狭さ，被害者等通知の内容の改善余地等を指摘し，加害者に関する情報の提供の在り方等の検討を提言している．また，堤（2021a: 150）は被害者担当官として特に感じている課題として，「心情等伝達制度」の利用が加害者の保護観察中に限られている点を挙げている．さらに伊藤（2016）は，被害者担当官及び被害者担当保護司を対象とした調査の自由記述回答をKJ法でまとめ，「弁償を加害者に強制できるような法整備が必要」「被害者等の経済的損失が救済されるような公的支援を充実させるべき」から「被害弁償のニーズを解決できるような法整備が必要」に，「被害者等が知りたい情報をもっと拡充すべき」「被害者側にとって，もっと利用しやすい制度に」から「もっと被害者側の立場に立った制度内容にすべき」にそれぞれ焦点化して新たな仕組みづくりの必要性を指摘している．このように制度的仕組みが主要因として各課題を生じさせていることにより，現場で被害者等への対応に苦慮している現状が，本研究において文脈単位として現れたと考えられる．

③加害者担当との連絡・調整における課題

本カテゴリーは，保護観察所における〔加害者担当の保護観察官の意識の低さ〕，〔加害者担当の保護観察官の行動の消極さ〕，〔加害者処遇への橋渡しの難しさ〕の３つの文脈単位で構成されている（表3）．

法務省保護局恩赦管理官室被害者等施策班（2021: 15）は，保護観察処遇に

表3　加害者担当との連携・調整における課題

カテゴリー	文脈単位	分析単位
3 加害者担当との連携・調整における課題	(1) 加害者担当の保護観察官の意識の低さ	A90: はい. 被害者施策が始まったのが平成19年で. それ以降の観察官って, 中等科研修とかで, この被害者施策の話がちゃんと盛り込まれるので, なので皆さん, 要はそれ, 平成19年以降に観察官になってる人たちは意識はあるんですけど, 問題なのがそれより以前に観察官になってる, いわゆるベテランの方々が, 意識低い方たちとか, 管理職になられてる方々の方が, 逆に被害者に対しての意識って, それほど高くないなという印象を受けています.
		A184-192: (中略) 被害者担当官の協議会があります. その中の議題の中で, 「自庁研修, 自分のとこでやる研修で, その被害者の内容の研修を, いかに充実させさるか」っていう話の中で, いろんな協議が出たんですけれども. その中で私が思うのが, 結局自庁研修って任意の研修なんで, で, 参加する・しないが結局, 自由度が, (中略) 大規模庁だと, 「「私が」じゃなくても, 他の誰が出るから, 別に私はなくてもいいじゃん. (中略) 「今, 自分の担当地区のこのケースが手一杯なんだから, わざわざ研修に出れないわ」っていう人が結構いて, 出席率がそんなに伸びないというのが結構問題で, その協議会の中で挙がってまして. (*: それは「加害者側観察官に, 被害者支援について知ってもらう」っていう趣旨.) そうです. その趣旨です, はい. なのでもうちょっとその各加害者側の観察官に勉強してもらう機会が, 「今, こんなこと, 何か方法はないかなと. そのなかの流れで, 何年かは, 最低限2年は被害者担当官を何とか回せるような形になれたらいいのかなっていうのを思います. (中略)
		B88-96: (中略) 若い観察官だとある程度, 最初からそういうものがあって, 何となくそういう認識があるんだろうけど, 観察官でなられた後にこの制度を導入されたりっていうものを見てる側からすると, まあまあ「何でこんなこと, 別に観察官でせねばならん」とか, あるいは過去に恩赦の一環で犯罪被害者の調査っていうことでやったことある方がむしろなのかもしれませんけど, 被害者側の心情が大変劣悪っていうことに遭遇したことがあって, そういうのが, より被害者と関わることにちょっと及び腰というのか, そこの難しさを感じてるから, 「そんなこと, 何で手出すんだろ.」みたいに感じてる人っていうのは少なからずいるのかなと. (*: 「無理解, 非協力」っていうキーワードですかね.) はい. 大雑把に言えばそうですね. (中略) 分かってて嫌だと, 単純に面倒くさくて嫌だと, そこ.
	(2) 加害者担当の保護観察官の行動の消極さ	A98-104: 「これは生活行動指針で, しかも被害者関係なので, 強く指導できない」って言われたことがあって. (中略) 「はっ,」って感じでして. 私は相手が統括なので, そこまで戦いはしたけども. 「ああ, やっぱり考えるんも, まだまだいるんだな」っていうのが, 率直な. (中略) 保護観察のほとんどの事件は被害者さんがいるわけですけれども, その被害者の存在っていうのに, あんまり意識が向いてない観察官がやっぱいるなと. で, それが特にベテランの人に多いなっていうのが.
		A126-130: (中略) それぞれの事件の被害者は, どんなふうに思ってるのかっていうのは, ただ, 全部が全部把握は当然, 大変だと思うので. せめて制度を利用している被害者さんは特に気を求めてるのかっていうのをもうちょっと気にかけて欲しいなっていうのを. (中略) 気にかけてくれない人がいるから, なんかモヤモヤしたのはありました.
		C180-182: 具体的にいうと, 例えば通知, 加害者の処遇状況を被害者に通知するにあたって, その通知が遅れることがないよう, (中略) そういった方々というのは, もちろん他の業務が忙しかったりというのもあるんでしょうけども, 実際受け止る被害者の存在を考えると, もう少し, 早くしてもらいたいなと.
		H208-214: (中略) あのちょっとあての同席ではないけれども, 声をやっぱり聞いた方がいいと思う. 被害者. そうしないと忘れる. (中略) 素通りしてますもんね. (中略) シャットアウトしてるのが, 面倒くさいっていうのがすごく背中から見え, 面倒くさいって書いてある感じしたので.
		H224: 寄り添わないから, 大事な, いろんなことを保護司さんに伝えるべきことを伝えない. やっぱり被害者の気持ちをね, やっぱりあの担当さんが保護司に伝えないって絶対伝わらない.
	(3) 加害者処遇への橋渡しの難しさ	A116-118: でも, 要は被害者サイドと加害者サイドの橋渡し的なところにいるので. (中略) 基本的にその地区の主任官との調整はやっぱり, 例えば「被害弁償するように指導してね」とか, そういうことがほぼメインになるので. (中略) 心情伝達制度, 被害者さんから聞き取る前と取った後に, それぞれ主任官, 統括含めて, 協議をするんですけれども, 例えば, 被害弁償をやってる・やってないっていうことについても, 被害者側で感じてることと, 加害者側で感じてることで多分, 違いが. 被害者は「全然やってない」って思ってても, 加害者は「いや, ちゃんとやってるじゃん」, そこで言い合いになってしまうので. そこをどう, 被害者から聞いたことを, 要は地区主任官通じて加害者に伝えるので, 何て言ったらいいんだろう, すり合わせというか.
		B114-124: (中略) 加害者処遇の反映の部分ですね. 心情伝達制度で, 「うん, 協力非協力」. うん, 単純に非協力っていうのが, まずありまして, 仮に「やりますよ」ってなったときに, ニュアンスもなかなか伝わりにくいなというふうに感じたところもありますね. (中略) なかなか思ったような伝え方してくれなくて, 予後のその加害者の方にアクション求めるようなものでもなく, なんかそういう被害者の側が言いたいこと. 要するに, 実際に聞いて欲しいことみたいなのがあんまり, あんまりというか, 「なかなか思ったように, だからなんか言ってくんなかったな」みたいな. (中略) あとは加害者の方の観察官が, こちらのイメージをある程度汲んで伝えたにしても, 相手側の響きが悪いっていうパターンと, 両方あるので. まあまあ, 全部が全部, その加害者担当の観察官, 指摘できないですけど, で, 加害者の観察官の側で, あんまり歪めるのだけ, ちょっと勘弁して欲しいなと思って.
		C150-156: 被害者担当として, 被害者に対する加害者への処遇については, そう多くは言い辛いところがあって, 結果, 連携を図るというよりも, 単に被害者の言ってることをそのまま加害者側の担当観察官に伝えるというような, こちらでそれを連携しやすいようにはできていなかったのかなかと. (中略) そうですね. つまり, 処遇の観察官にそこを, (中略) 上手く橋渡しができていたかというと, (中略) できなかったのかなと.
		D102-106: ここは被害弁償などに対する認識の温度差っていうのはやっぱりあるかなと. やっぱり被害者の方を目の前にすると被害者担当としては, 被害弁償1,000円でもっていうところ, あるんですけれども, いやいや加害者の担当からしてると, その1,000円すらがみえないんだよというところで. (中略) ここはちょっと改善するっていっても難しいかもしれないんですけれども, ちょっと温度差があって, 伝達をする上でも, もし被害者の担当官が同席とかしていないところでの伝達となると, その温度差が出てしまわないかなっていうのは, ちょっと正直. (中略) もちろん加害者が受け止めやすいような言い方をするっていうのは当然なんですけれども, だけどそこを過度にフォローをしてあげ過ぎていないかなっていう心配はいつもやっぱりしてしまいます.
		D112: (中略) もちろん加害者担当なので, 加害者の気持ちに引き続き寄り添って頂きたいんですけれども, そうですよね. ただ, 加害者リイドの反映の部分って人間なので, 「都合が悪いな」「都合が悪い人っていうふうに思うでしょうけど, それ当然なんですけれども, アレルギー反応みたいな感じで接して欲しくない. ご自身の一般人としての感覚っていうのを持ち合わせながら, 一緒に伝達前の協議なんかさせていただけると有り難いかなと思います.
		E82-84: 忙しく, 1つ1つの事件見てられないのかなと思っています. その人自体が余裕が無いんだろうなと思って, そうだろうなと思って. (中略) そこの点については, 実際目の前に立ってやるので特にはいいんですけど, その後, その後, 引き続いて加害者の方を指導してもらえるかどうかを見ていかないと, 被害者の方が気をつけておかないと忘れられちゃうみたいな.

携わる保護観察官，保護司も協働し，犯罪被害者等の置かれた立場や心情を十分に理解した上で，被害者等の心身の回復を図ることが求められていると指摘している．この点，法務省保護局（2020）は，被害者等の心情等を踏まえた保護観察処遇の課題として，必ずしも早期から積極的に行われていない背景として更生保護官署職員等の被害者等の心情を踏まえることへの意識の不十分さを指摘し，犯罪被害者等の心情等を踏まえた保護観察処遇の充実の検討を提言している．また，伊藤（2016）は「被害者支援」と「加害者処遇」のつながりについて，処遇部門の被害者に対する理解不足，被害者担当と加害者担当が一体的働きになっていない点を指摘し，観察所内の連携等の改善や現場担当者のスキルアップを促すことの重要性を指摘している．このように加害者担当の保護観察官による意識・行動の側面が背景要因として，被害者支援から加害者処遇への橋渡しが上手く機能していない現状が，本研究において文脈単位として現れたと考えられる．

　④想定していない対応の課題
　本カテゴリーは，〔想定外の対応への困惑〕，〔加害者側からの相談対応への困惑〕の2つの文脈単位で構成されている（表4）．
　これらは被害者等施策の相談・支援の内容に関係しているが，本制度は被害者等のための制度や手続等に関する情報を提供し，相談に応じて関係機関・団体等の紹介等を行うものである．しかし，想定される被害者等以外から相談が入る場合もあり，被害者担当官及び被害者担当保護司がこのような相談への対応に困惑している現状が，本研究において文脈単位として現れたと考えられる．

（2）精神保健福祉の視点から見た語りの考察
　本項では，更生保護における犯罪被害者支援の実践について，精神保健福祉の視点が包含された「精神保健福祉士業務指針　第3版（2020）（以下，指針）」の業務名「心理情緒的支援」の〔価値・理念・視点〕〔ターゲットレベル〕等の内容を参照して考察していく．ここではリカバリー，レジリエンス，ストレングス等に着目した関わり及び受容，傾聴，非審判的態度等のソーシャルワーク技術を用いた対応など，精神保健福祉の視点から語りを捉えていきたい．以

表4　想定していない対応の課題

カテゴリー	文脈単位	分析単位
4　想定していない対応の課題	(1)　想定外の対応への困惑	A152-154: (中略)一応観察所でやってる被害者支援は，あくまでも加害者が今，保護観察中いわゆる，うちのお客さんであると，「じゃあこの制度使えます」(中略)ってご案内できるんですけど，そもそも，それに該当しない人が電話かけてきたりとかもする，(中略)捕まったばっかとか，そうすると，話だけ聞いて，「それはうちでは対応できないので，ここ行ってください」とか，「法テラス行ってください」とか，「それは，警察に相談されたらどうですかね」っていうのをご案内するんですけども，正直言うと，どこに相談していいか，もうちょこっと被害者の方で調べてから電話かけてきて欲しいなと．「窓口，うちじゃ違う」っていうのを，心情をお聞きしても，なんか結果，はっきりしないような感じの．
		C128-130: そうですね．そういうそもそも被害者のニーズというのがはっきりしていないことがあって，こちらで提案した制度と実際のニーズというのが噛み合っておらずに，ちょっと問題になったようなこともありますね．(中略)具体的には，被害者の父親だったと思いますけど，「被害弁償をさせろ」ということだったかと思いますけど，ニーズがあって「では，心情伝達という，その思いを加害者に伝えましょう」ということで提案したんですけど，その制度上，父親が制度使えないと，その被害本人，父親からすると息子が制度を使えるということで，実際のその息子さんに来ていただいたんですけど，息子さんはさほど，怒りはそこまで強くなかったので，心情をお聞きしても，なんか結果，はっきりしないような感じの．
		G30-32: それはですね，本当の被害者さんではなく，いろいろなクレームだったりとかその電話で1時間ほどのはございました．(中略)まず1つは，季節柄，いろいろな心身の，精神を病んでる方のお話し相手といますか，そのような電話の紛れ込んでくる電話があります．
	(2)　加害者側からの相談対応の困惑	A156-158: 加害者からの親から電話がかかってきて，「私も被害者や」とか言い出して．話を聞くと，(中略)「いや，そんなこともう知らないや」っていう話とかあるので，たまに電話かけてきても，うちでは全く対応できない人とか，お門違いとかいうのはあるんで，もちろん，それもちゃんと対応するっていうのが，そもそも制度のなかの相談支援業務のなかの1つなので，当然対応はしますけれども．
		G34-54: はい，もう1つは，加害者の家族です．加害者の家族．被害者がそんな訴えを起こしたから，うちの家族は逮捕されたんだと，加害者になってしまったんだというクレームですね．(中略)それが1番私達の心の持っていく場所がなくなります．(中略)また怒り出させて私達の方にも，どうしても，(中略)不快で不穏な内容ですよね．被害者が訴えなければって言う．(中略)それを延々と言われると，疲れますね，(中略)その後またこのような電話が長く続かないように，とにかくその申し出はここではないですよ，ということをわかってもらうように，まずは聞いて，お答えするっていうふうに，(中略)クレームがその後長く，何度も続くようになると業務に支障が出るので，そこはこらえて対応してました．

下，指針の記述は〔　〕で括り，被害者担当官及び被害者担当保護司の語りを「　」で示す．

　まず，指針の〔価値・理念・視点〕の〔心理・情緒的問題の個別性を認識し［個別化］，［個人としての尊厳］の原理のもと，一人ひとりの思いを尊重する．〕の関連については，「F178-180: 要するに100パーセント被害者の気持ちを受け入れるってことだね．(中略)暴言吐かれても，机を叩かれても，被害者の立場に寄り添う．(中略)被害者のことを思えば分かるから．これは大事だと思うね．」などの語りが表している．〔［人と環境の相互作用］の視点から，心理・情緒的問題は社会環境を含む多様な要因が関連していることを踏まえる．〕の関連については，「D4: はい．まずはもちろん共通して行える支援などはあるんですけれども．被害者の方の環境であるとか，共通して行える支援っていうのはあるんですが，あまりちょっとそこを型にはめ過ぎずに，(中略)」などの語りが表している．これは被害者等の環境を考慮し，個別的な対応を意識していることを示している．〔クライエントの抑圧や葛藤から解放され，本来の力や強みを活用し，自らが問題に取り組めるよう支援する［ストレ

ングス］［エンパワメント］［当事者主体］］及び〔さまざまなストレスから派
生する心理情緒的な問題に対応し，メンタルヘルス不調や疾患を予防し，健康
状態を高め［ウェルビーイング］，その人らしい生きがいのある人生を志向す
る［リカバリー］］の関連については，「H36: やっぱりあの傾聴ですね．静か
に相手の話を，話し尽きるまで聞いてあげるっていうことが大事だと思います．
いっぱい話したいんです．話したいけれども整理できないんです．やっぱり言
いたいことがいっぱいで，それを文章化して伝えるってのが非常に，感情が先
走ってしまうと，そこまでになれないと思うので，そこを聞いてあげることに
よって，相手が落ち着いて自分の中で会話の中で，相手もちょっと整理できて
いくっていうところが大事なところかなって思いました．」などの語りが表し
ている．これは抑圧された環境にいる被害者等が思いを吐き出すことで自らの
感情を整理し，回復のきっかけに向けた働きかけをしていることを示している．
被害者等は犯罪被害によって日常生活に支障が生じていることは多い．このよ
うな中，担当者は被害者等の心情と環境に配慮し，気付きを促し，回復のきっ
かけを一緒に探していたといえる．

　次に，指針では〔ターゲットレベル〕のミクロレベルの業務内容において，
〔クライエントのさまざまな感情の言語化を促進し，気持ちを受けとめ，共感
的に理解する〕が示されている．これは前述した被害者等の気持ちを整理させ
ることと同様に，本施策における担当者による受容，傾聴の姿勢そのものとい
える．また，被害者等施策における相談・支援は，〔問題解決に向けて必要な
社会資源を活用し，関係機関や支援者と連絡調整を行う〕に業務内容そのもの
が当てはまっているといえる．

　また，「H78-80: （中略）何かそこに何かそういう話はちょっと自分が夢中に
なってるところと誰かとしたかったんだと思うんですよ．（中略）思い出させ
てもっと前に向いて，歩いていこうよって，これだけじゃないんだよ，人生
楽しいよ，もっともっといいことあるよ，みたいな感じで．」などの語りから，
〔クライエントが自らの感情と向き合い，将来の方向性を見出せるように支援
する．〕実践が展開されていることが窺われた．

　ソーシャルワークで重要な面接の雰囲気づくりに関しては，「H76: まずは全
く関係のない話をわざとしました．日常生活，どんな生活をしているのか．今

の楽しいとか，（中略）夢中になってるものが1つあるような話をした時には，そこをすかさず突っ込みます．そしてそこの話をどんどんどんどん掘り下げて，向こうが話に乗ってきて表情がだんだん明るくなっていくっていうところがしめたって思います．（中略）」「G8-10: はい．そしてそれと同時に被害者さん側にも，極力負担を減らして話しやすい雰囲気にする．無駄なカレンダーや，数字に関するもの，あと，もう言ってはいけない言葉，その方のトラウマになっている，地雷にあたるもの．その言葉を極力言わないように，その事前準備をして被害者にできる限りの気持ちを吐き出してもらえるように配慮してました．（中略）まず，飛び込みで来られた場合，（中略）いつ来るかも分からないので，まず迎え入れる部屋を，派手にしない．ご遺族様もいらっしゃるので，どんなときでも対応できるようにいつも気をつけていました．あと私達の服装も華美にならないように，誠意持ってお話が聞けるように普段から心がけていました．」などの語りが表している．これらの語りが示しているように，傷つき，トラウマを抱えた被害者等が支援対象であることから，受容，傾聴の姿勢などの基本的な面接技術による対応だけでなく，面接室の雰囲気，日頃の服装などにも配慮している様子が窺われた．

　以上，被害者担当官及び被害者担当保護司の語りの考察から，更生保護における犯罪被害者支援の現場においては，精神保健福祉の視点，ソーシャルワーク技術を活かした支援が展開されていると考えられた．

6　結論

　本稿では，更生保護における犯罪被害者等施策の担い手を対象にインタビュー調査を実施し，質的記述的分析法を参考に分析を行い，被害者担当官及び被害者担当保護司から見た同施策の実務の現状と課題を抽出してきた．さらに精神保健福祉の視点から更生保護における犯罪被害者等施策の実務について考察してきた．

　本研究では語りの分析を通して，13個の文脈単位が生成され，4つのカテゴリーに収斂された．本研究の調査分析結果から，(1)担当者は被害者等のいかなる言動に対してもこれを受けとめていること，(2)担当者は被害者等の言

動の影響を受けて支援の難しさを感じていること，（3）加害者処遇の保護観察官の被害者等に対する理解が不足していること，（4）被害弁償など加害者に履行を強制できない等の制度的限界が支援の難しさの背景要因としてあること，（5）現場では様々な場面で被害者等に配慮した実践が展開されていること，（6）現場では精神保健福祉の視点，ソーシャルワーク技術を活かした支援が展開されていること，などを読み取ることができた．また，被害者担当官及び被害者担当保護司は犯罪者・非行少年の改善更生と再犯防止を担う保護観察所に所属し，加害者・被害者双方の立場・状況を理解できるが故に苦慮している実態があることが明らかになった．

先行研究では，被害者等施策の解説や各制度の課題を論じた文献，担当者による実践報告が中心であり，同施策の担い手を対象とした調査研究は数少ない．本研究は，被害者等施策全般に関して，実際に被害者担当官及び被害者担当保護司にインタビュー調査を実施した質的研究である点に独自性があると考えられる．また，実践現場の声を拾い上げ，語りの分析を通して，先行研究で指摘されてきた課題も含めて具体的状況を質的分析により明らかにし，さらに被害者等への配慮の具体的方法など同施策の現状を提示したことに意義があると考えられる．

インタビュー調査では，「被害者担当官になるまで被害者等の実際の姿をイメージできていなかった」「加害者処遇の保護観察官は一度被害者担当官を経験することが望ましい」といった内容も多く語られていた．保護観察官のキャリア形成としては，加害者担当から始まり，一部が被害者担当官を経験して再び加害者担当に戻るという流れが一般的であり，被害者担当官を経験しない保護観察官が多いのが現状である．そのため，全ての保護観察官が早い時期に一度は被害者担当官を経験することが望ましいといえる（中村 2021: 172）．被害者等施策の趣旨から，被害者担当官の業務を通して得た経験を加害者処遇で活かすことの意義は大きいと考えられる．

被害者担当官及び被害者担当保護司は，制度的限界によって，必ずしも被害者等が求める要望に応じることができないなか，現場では日々工夫しながら被害者等に寄り添った支援を展開していた．被害者等通知制度は徐々に通知内容の拡充が図られているが（法務省保護局総務課被害者等施策班 2014），被害者等

が求めている被害弁償請求のために必要な加害者住所の通知等には至っていない．同様に心情等伝達制度は被害者の要望の履行を強制させる制度にはなっていない．

　一方，加害者処遇への橋渡しであるが，加害者処遇と被害者担当の保護観察官が同一の更生保護機関に属しているからこそ，被害者等の思いを迅速に加害者に伝えることができるとみることができる（伊藤・中村 2015: 12）．加害者担当の保護観察官の意識改革も含め，同一組織に所属している点を有効に活かした制度運用が求められるといえよう．『「更生保護の被害者等施策の在り方を考える検討会」報告書』では様々な課題が指摘され，提言がなされている．これらも踏まえ，2022（令和4）年6月に成立した刑法等の一部を改正する法律により改正された更生保護法では，被害者の思いに応える保護観察の実現が改正の趣旨の1つとされている．具体的には，被害を回復すべき責任を自覚するための指導に関する事実についての保護観察官又は保護司への申告義務が保護観察における遵守事項の類型に追加されている．また，慰謝の措置を講ずることを生活行動指針として設定し，指導を行うための運用指針が策定されている．このように更生保護法の改正では犯罪被害者等の視点に立った保護観察処遇の充実が図られている（国家公安委員会・警察庁 2022: 65）．今後，実務においてより一層被害者等に寄り添った制度運用に近づけることが課題と考えられる．

　本研究の限界として，犯罪被害者支援の担い手には様々な機関及び職種がある中，本研究では被害者担当官及び被害者担当保護司を調査対象としており，調査対象者が限定されていること，実際の被害者等である制度利用者を対象とした調査を実施しておらず，被害者の視点による分析が不十分であること等が挙げられる．今後は調査対象を拡大した上で，量的研究を行うなどさらなる調査研究が求められる．

［謝辞］
　本研究にあたって，多忙な業務の時間を割いて筆者の調査に御協力いただいた研究協力者の皆様に心より感謝申し上げる．

［文献］

グレッグ美鈴編・麻原きよみ・横山美江編著（2016）『よくわかる質的研究の進め方・まとめ方──看護研究のエキスパートをめざして　第2版』医歯薬出版.

法務省保護局（2020）『「更生保護の被害者等施策の在り方を考える検討会」報告書』.

法務省保護局恩赦管理官室被害者等施策班（2021）「これからの更生保護における犯罪被害者等施策について」『更生保護』72（12）, 12-7.

法務省保護局総務課被害者等施策班（2014）「被害者等通知制度の拡充について」『更生保護』65（6）, 48-51.

法務省保護局総務課被害者等施策班（2021）「第4次犯罪被害者等基本計画について」『更生保護』72（4）, 52-5.

福冨眞弓（2021）「被害者担当保護司を担って」『更生保護』72（12）, 30-3.

井坂朱実（2010）「犯罪被害者等施策における実践──名古屋保護観察所の取組」『更生保護と犯罪予防』152, 314-30.

伊藤冨士江・中村秀郷（2015）「更生保護における犯罪被害者等施策の現状と課題──心情等伝達制度の全国の実施状況の分析を中心に」『上智大学社会福祉研究』39, 1-16.

伊藤冨士江（2016）「更生保護における犯罪被害者等施策・心情等伝達制度の現状と課題──全国の被害者担当官・被害者担当保護司を対象にした調査をもとに」『被害者学研究』26, 53-68.

公益社団法人日本精神保健福祉士協会（2020）『精神保健福祉士業務指針　第3版』.

国家公安委員会・警察庁（2022）『令和4年版 犯罪被害者白書』.

厚生労働省社会・援護局障害保健福祉部精神・障害保健課（2010）『精神保健福祉士養成課程における教育内容等の見直しについて』.

厚生労働省社会・援護局障害保健福祉部精神・障害保健課（2019）『精神保健福祉士養成課程のカリキュラム（案）』.

久保貴（2010）「更生保護における犯罪被害者等施策の取組」『犯罪と非行』164, 79-96.

倉谷浩一（2018）「心情等伝達の実務」『更生保護』69（11）, 18-21.

水谷修（2011）「更生保護における犯罪被害者等施策のうち，意見等聴取制度及び心情等伝達制度に関する事例研究について」『研修』753, 77-90.

中村秀郷（2021）「更生保護の現状──事例をもとに」伊藤冨士江編著『司法福祉・実践と展望──少年司法，刑事司法，医療観察，被害者支援』ぎょうせい, 164-73.

西崎勝則（2015）「更生保護における犯罪被害者等施策について」伊藤冨士江編著『司法福祉入門　第2版増補』上智大学出版, 322-55.

大場玲子（2009）「刑事司法における犯罪被害者等施策──更生保護を中心にして」『罪と罰』46（2）, 30-8.

大橋由美子（2018）「意見等聴取の実際」『更生保護』69（11）, 39-42.

左近寺彩子（2015）「心情等伝達制度と加害者処遇――事例を通じて」『更生保護』64（1），36-9.

左近寺彩子（2018）「更生保護における犯罪被害者」『被害者学研究』28,158-68.

辰野文理（2015）「社会内処遇と被害者――更生保護における被害者支援について」『被害者学研究』25，70-8.

堤美香（2021a）「更生保護における犯罪被害者等施策の現状と課題――被害者等の声を加害者に届ける心情等伝達制度の運用事例」『家庭の法と裁判』（34），147-51.

堤美香（2021b）「保護観察所における「心情等伝達制度」の運用」『更生保護』72（12），34-7.

10代で母親になった女性受刑者の脆弱性と支援ニーズ

Vulnerabilities and Support Needs of Incarcerated Women Who Became Mothers in Their Teens

佐々木彩子 *

1 問題

　我が国において，10代での妊娠・出産件数は1990年代から増加し，2002年にピークを迎えたものの（21,349件），その後は減少傾向にあり（定月，2013），2020年においては6,948件と，全出生数（840,835件）に占める割合は0.8%に相当した（厚生労働省 2022）．このように件数の上では減少傾向にあるものの，10代で妊娠・出産した母親については，多方面で様々な脆弱性を抱えていることが指摘されている．10代妊婦の背景に関する実態を取り上げた1990年から2005年の文献研究（小川他 2006）によると，同期間を通じて，既婚者や出産する者の割合は増加傾向にあったのに対し，妊娠初診の遅れ，夫の協力が得られず実家に頼る傾向，また，経済的困窮については，一貫して変わらない特徴であったとされている．加えて，宮本他（2015）による10代で出産した母親の育児に関する2002年から2013年の文献研究においても，学業継続の難しさや脆弱な経済的基盤に加え，パートナーの不在や不仲，DVといった不安定な家族背景，また，生活体験に乏しく精神的にも未熟であることなどが明らかにされている．

　他方，女性受刑者については，約7割の者が子どもを有し（Sasaki et al. 2022），

---

* さいたま少年鑑別所地域非行防止調整官

その中には10代で出産し若くして母親になった者も一定数いると推察されるが，その実態は明らかにされていない．子どもを持つ女性受刑者全般の傾向として，社会経済的状況，薬物依存，小児期の逆境体験といった面で，子どもを持たない女性受刑者や子どもを持つ男性受刑者と比べてより脆弱であることや（Sasaki et al. 2022），被虐待歴（鈴井他 2019）が多いことが指摘されていることから，女性であると同時に母親であることがこうした脆弱性に関連していることが示唆される．若くして母親になった女性受刑者においては，一層その脆弱性が増すことも考えられることから，本研究では，10代で母親になった女性受刑者の脆弱性に焦点を当て，その実態を明らかにすることとした．本稿において，"脆弱性"は、社会的に弱いあるいは不利な状況や特徴とし、脆弱性が高いことは，より手厚い支援や介入を要する状態にあるものと見做す．

2 研究史

　我が国においては，少年院に在院する少女の約4割，児童自立支援施設に在所する少女の約1割に妊娠の経験があるとの報告があるものの（今村 2007），10代で出産した女性受刑者を対象とした研究は，筆者が知る限りではない．女性受刑者に関する研究知見が豊富にある米国においては，早期に母親になることや貧困が，母親を財産犯へと動機づけることが指摘されている（Berry et al. 2009; Ferrero & Moe 2003; Moe & Ferrero 2007）．Berry et al.（2009）によると，早期に母親になり教育から離脱した者は，教育を長く受け子どもが少ない者と比べ，犯罪のリスクが高く，とりわけ母親になることによる就労機会の制約と貧困が，子どもを養うための財産犯に結び付くことから，母親の養育力のみならず経済力の向上が必要である．また，薬物使用の文脈では，早熟化（早すぎる大人役割の獲得）の観点から議論が展開されており，早期の薬物使用が若年出産を促す方向性と，逆に若年出産が薬物使用を促す方向性との両側面ないしは両者の相互作用が指摘されている．例えば，Carbone-Lopez & Miller（2012）は，家庭での虐待から逃避するための路上生活が，早すぎる自活，年長者との交友や交際，若くして母親になるといった早熟化を促し，その中で薬物使用に至る道のりを明らかにしている．また，早期の薬物使用により，性的に活発に

なり，未婚及び 10 代での妊娠が促進されることや（Krohn et al. 1997; Mensch & Kandel 1992），10 代での出産がさらに 20 代前後の薬物使用を促進する要因となることが明らかにされている（Krohn et al. 1997）．Krohn et al.（1997）の研究では男女比較も行われており，薬物使用が早熟化によって説明できる割合が，男性に比べ女性の方が高かったことから，10 代で親になることによって負うリスクに男女差があることを指摘している．すなわち，10 代の母親は，父親以上に子の養育者として主たる役割を担うことから，10 代での出産や育児によって受ける影響も母親の方が大きく，特にシングルマザーであれば貧困その他の逆境に晒されやすく，周囲からの風当たりも強くなりやすいとされている（Krohn et al. 1997）．このように 10 代で母親になった女性受刑者においては，様々な脆弱性を抱え，母親役割を十分に担えるだけの準備が整わないまま母親となり，それが長期的・間接的に受刑に至るまでの道のりで負の影響を与えていることも想定される．よって，彼女たちに特有のニーズを特定することは，そうした長期的な負の影響を軽減し，再犯を抑止する上でも，重要な視座となることが示唆される．

　国内に目を向けると，女性受刑者の早期妊娠・出産を直接扱った先行研究はないものの，子どもの有無による女性受刑者内の教育格差が指摘されており，子どもを持たない女性受刑者においては高校卒業以上の学歴を持つ者の割合が 60.2% に達するのに対し，子どもを持つ女性受刑者では半数以下の 46.4% にとどまるとされている（Sasaki et al. 2022）．男性受刑者においては子どもの有無による教育格差は認められないことを加味すると，若くして母親になることと女性受刑者の学業達成との間に何らかの関連がある可能性が示唆される（Sasaki et al. 2022）．さらに，国内外の先行研究により，女性受刑者の方が男性受刑者に比べて虐待的育児のリスクが高く，小児期の逆境体験やパートナーの育児態度が虐待的育児に影響することや（Sasaki et al. 2023），過去の被虐待歴と現在の虐待的育児との間には中程度の相関関係があること（Joo 2008）などが示されているが，初産年齢が虐待的育児に与える影響については検討されていない．

　このようにわが国において，若くして母親になった女性受刑者の実情は明らかにされていないものの，早期妊娠・出産をした一般の日本人女性を対象とした研究知見については一定の蓄積があるため，ここで概観する．まず，若年妊

婦については，妊娠と学業・就労との両立が困難で，もともとの経済的基盤がないうえに，妊娠・出産に伴う出費や就業の中断により，さらに経済的に余裕がない状況に追い込まれやすいことが指摘されている（砂川・田中 2012）．学業に関しては，文部科学省（2018）の統計によると，公立高校在籍中に妊娠した者のうち，約3割が妊娠を理由に退学をしており，転学，課程変更，休学を含むと約半数の者が妊娠による学業への影響を報告している．また，生活保護被保護母子世帯においては10代出産を経験した母親のうち，高卒以上の学歴がある者は23.3%にとどまっている（駒村 2011）．経済的状況については，10代で出産した母親の3分の1が子どもが3歳くらいになるまで無職で，働いている人のほとんどが不安定就労であり（東京都社会福祉協議会保育部会調査研究委員会 2003），その多くが経済的な支援を必要と感じていること（林他 2015：平尾・上野 2005）が明らかにされている．

　他方，家族関係に関しては，子どもの父親よりも実家の母親をサポート資源として挙げる者が多く（平尾・上野 2005；大川他 2020），夫の非協力的な態度や不仲（林他 2015）などにより，子どもの父親が育児においてキーパーソンとなりにくい状況が指摘されている．加えて，育った家庭環境に関しては，10代妊婦のうち，逆境的小児期体験（Adverse Childhood Experiences; 以下，ACE）を有する者の割合は40.9%とされ（大川他 2020），4か月児健診受診児保護者における割合28.3%（Isumi & Fujiwara 2016）よりも高いことや，10代特定妊婦（出産後の子どもの養育について出産前において支援を行うことが特に必要と認められ，妊娠中から家庭環境におけるハイリスク要因を特定できる妊婦）においては，約半数の者に被虐待歴があり，そのうち6割に被ネグレクト経験があるとされている（加藤他 2017）．さらに，心中以外の虐待死亡事例で死因がネグレクトだった事例のうち，約4割の母親が10代での妊娠・出産を経験しており（厚生労働省 2021b），若年出産がその後の育児や母子関係に及ぼす影響についても看過できない．

　このように，若年出産した母親が抱える脆弱性は多方面にわたり，若くして母親になった女性受刑者については，女性受刑者の中でも特に脆弱な存在であることが推察される．そこで，本研究では，10代で出産した女性受刑者の実態を明らかにするため，20代以降に出産した者との比較を通じて彼女たちの

実態を把握し，その実態に即した支援について検討することとした．

3　方法

（1）参加者

　本研究では，筆者らが全国の男女受刑者を対象に行った先行研究（Sasaki et al. 2022; Sasaki et al. 2023）で用いたデータのうち，18歳未満の子どもを持つ女性受刑者のデータを抽出し，初産年齢という観点から再分析を行った．調査対象施設は，11の全女子刑務所とし，2020年11月から2021年2月までの期間中に調査対象施設で，釈放前指導期間（釈放前の2週間）に編入された全女性受刑者を対象とした．本調査には，個人が特定される情報は含まれておらず，書面による同意が得られた者のみが調査に参加し，法務省矯正局からの許可を得て同局の研究倫理ガイドラインに従って実施された．女性受刑者338名が調査に参加することに同意し（回収率83.5%），そのうち18歳未満の子どもを持つ女性受刑者は95名であり，これらの者から初産年齢が不明の5名を除いた90名を本研究の対象とした．

（2）調査項目及び分析方法

　調査対象者を初産年齢が「10代」及び「20代以降」の者に分類し，先行研究（Sasaki et al. 2022; Sasaki et al. 2023）で用いた以下の調査項目について比較検討を行った．分析にはIBM SPSS Statistics ver. 28を使用した．
①基本属性：年齢，罪名，刑期，精神障害既往歴，子どもの人数，いずれかの子どもの親権の有無，末子の年齢，受刑前の子どもとの同居の有無，育児で困った時に相談する者の有無，出所後の育児希望の有無について尋ねた．
②社会経済的状況：最終学歴及び生活保護受給歴の有無について尋ねた．
③小児期逆境体験：育った家庭における問題を測る指標として，Felitti et al.（1998）による「逆境的小児期体験（Adverse childhood experiences; ACEs）質問票」の日本語版（坪井，2013）を用いた．本質問票は，18歳以前に経験した10項目の逆境体験（小児期の言語的虐待，身体的虐待，性的虐待，情緒的ネグレクト，身体的ネグレクト，家庭内の物質乱用，親との離別，家庭内暴力，家庭内

の精神障害の問題，受刑歴のある家族）について，「はい」又は「いいえ」で自己申告するものであり，「はい」の回答数を合算した（得点範囲0〜10）．
④虐待的育児　西澤・屋内（2006）が作成した，表2に記載した虐待的育児を測る10項目について，対象者が4件法（1＝全くなかった；4＝よくあった）で評定した結果を合算した（得点範囲は4〜40）．

　加えて，初産年齢が虐待的育児に与える影響を検証するため，前記西澤・屋内（2006）による虐待的育児を従属変数とし，先行研究（Sasaki et al. 2023）において虐待的育児を有意に予測することが実証された2つの変数（ACE及びパートナーの手荒な育児への懸念）及び初産年齢（10代＝1，20代以降＝0）を独立変数とし，階層的重回帰分析を行った．先行研究（Sasaki et al. 2023）にて詳述のとおり，パートナーの育児態度については，子どもの虐待防止センター（1999）が実施した調査から引用し，「パートナーが子どもを手荒に扱うので，気にしたり心配したりすることがある」について4件法（1＝全くなかった；4＝よくあった）で尋ねた結果を合算した（得点範囲4〜16）．階層的重回帰分析を実施する際は，安定したサンプル数確保のため，初産年齢を含む全変数（N=95）についてSPSSの多重代入法（MI）を用いて欠損値処理を行い，マルコフ連鎖モンテカルロ法により予測した欠損値を代入した20個の疑似完全データセットを生成し，それぞれの疑似完全データセットにおいてパラメータの推定値及び標準誤差を分析し，最後にその結果を統合した．また，階層的重回帰分析の従属変数については，対数変換により元データの正の歪度を補正した上で分析した．

4　結果

（1）初産年齢の分布
　初産年齢の全体平均は25.22（SD=6.17，最大値15，最大値40）であり，初産年齢が10代の者は17名（18.9%），20代以降の者は73名（81.1%）であった．

（2）基本属性（表1，2）
　調査時の年齢については，初産年齢が10代の者（M=34.88，SD=8.04）の方が20代以降の者（M=40.45，SD=7.16）に比べて有意に低かった（p<.01）．刑期

表1　基本属性（連続変数）

	初産年齢分類				t	p
	10代		20代以降			
	M	SD	M	SD		
年齢	34.88	8.04	40.45	7.16	t (88) = -2.82	**
入所回数	1.81	.98	1.71	1.22	t (26) = .35	
刑期	22.35	12.19	31.11	18.32	t (88) = -1.87	†
子の数	2.76	1.48	2.26	1.31	t (88) = 1.39	
末子年齢	8.71	4.71	10.33	4.97	t (88) = -1.22	

注．N = 90. 欠損値は除外．
† $p<.10$, $^*p<.05$. $^{**}p<.01$. $^{***}p<.001$.

表2　基本属性（カテゴリー変数）

	初産年齢分類				p
	10代		20代以降		
	n	%	n	%	
罪名					
薬物事犯	9	56.3	43	60.6	
窃盗	3	18.8	16	22.5	
詐欺	3	18.8	2	2.8	
その他	1	6.3	10	14.1	
精神科通院歴					
有	7	46.7	40	58.0	
無	8	53.3	29	42.0	
受刑前に未成年の子どもと同居					
有	12	70.6	51	70.8	
無	5	29.4	21	29.1	
いずれかの子どもの親権					
有	12	75.0	52	75.4	
無	4	25.0	17	24.6	
育児に関する相談者の有無					
有	15	93.8	58	81.7	
無	1	6.3	13	18.3	
出所後の育児希望					
有	15	93.8	67	94.4	
無	1	6.3	4	5.6	

注．N = 90. 欠損値は除外．
† $p<.10$, $^*p<.05$. $^{**}p<.01$. $^{***}p<.001$. 精神科通院歴については χ^2 検定，その他については期待度数5未満のセルが20%以上あったため Fisher の正確検定による p 値を算出したが，いずれも有意差は検出されなかった。

の平均値（月）については，初産年齢10代の者（M=22.35，SD=12.19）の方が，20代以降の者（M=31.11，SD=18.32）よりも有意に短かったが（p<.05），刑務所への平均入所回数については，初産年齢10代の者が1.81（SD=.98），20代以降の者が1.71（SD=1.22）であり，有意差はなかった．罪名については，どちらの初産年齢分類においても薬物事犯が最も多く（初産年齢10代の者：56.3%，20代以降の者：60.6%），窃盗（初産年齢10代の者：18.8%，20代以降の者：22.5%）が続き，有意差はなかった．精神障害既往歴については，初産年齢10代の者の46.7%，20代以降の者の58.0%に認められ，有意差はなかった．

　子どもの平均人数は，初産年齢10代の者で2.76（SD=1.48），20代以降の者で2.26（SD=1.31）であった（p<.10）．また，受刑前に未成年の子どもと同居していた者の割合はいずれも約7割で（初産年齢10代の者：70.6%，20代以降の者：70.8%），いずれかの子どもの親権を有する者の割合（初産年齢10代の者：75.0%，20代以降の者：75.4%）や，末子の平均年齢（初産年齢10代の者：8.71歳，20代以降の者：10.33歳）においても有意差はなかった．いずれの初産年齢分類でも，大部分の者が育児で困った時に相談相手がいたと報告し（初産年齢10代の者：93.8%，20代以降の者：81.7%），9割以上の者（初産年齢10代の者：93.8%，20代以降の者：94.4%）が出所後の育児を希望した．

(3) 社会経済的状況（表3）

　配偶者又は未入籍のパートナーを有する者の割合は，初産年齢が10代の者のうち58.8%，20代以降の者のうち47.2%であり，また，生活保護受給歴がある者の割合は，初産年齢10代の者が23.5%，20代以降の者が35.2%となっており，いずれも有意差はなかった．学歴については，初産年齢が10代の者のうち高卒以上の学歴を有する者の割合は1割程度（11.8%）にとどまり，初産年齢が20代以降の者（39.7%）に比べて有意に低かった（p<.05）．

(4) 逆境的小児期体験（表3）

　ACE経験率については全体的に高く，初産年齢10代の者の全員がACEを最低1項目経験しており，初産年齢20代以降の者（82.2%）よりも高く（p<.10），4項目以上のACEを経験している者の割合も，初産年齢10代の者（64.7%）

表3　社会経済的状況及びメンタルヘルス

	\multicolumn{4}{c}{初産年齢分類}	
	\multicolumn{2}{c}{10代}	\multicolumn{2}{c}{20代以降}	p
	n	%	n	%	
配偶者 / パートナー有					
該当	10	58.8	34	47.2	
非該当	7	41.2	38	52.8	
生活保護受給有					
該当	4	23.5	25	35.2	
非該当	13	76.5	46	64.8	
高卒以上					
該当	2	11.8	29	39.7	*
非該当	15	88.2	44	60.3	
ACE1 項目該当					
有	17	100.0	60	82.2	
無	0	0.0	13	17.8	
ACE4 項目以上該当					
有	11	64.7	31	42.5	†
無	6	35.3	42	57.5	

注．N = 90. 欠損値は除外 . ACE = Adverse Child Experience（逆境的小児期体験）.
† $p < .10$, *$p<.05$. **$p<.01$. ***$p<.001$. ACE1 項目該当については Fisher の正確検定，その他は χ^2 検定による
p 値を算出。

の方が初産年齢 20 代以降の者（42.5%）よりも高く（p<.10），いずれも有意傾
向が認められた.

(5) 虐待的育児（表 4, 5）

　虐待的育児の合計得点については，初産年齢 10 代の者（M=16.94,
SD=3.91）の方が，20 代以降の者（M=14.92, SD=3.61）よりも有意に高かった
（p<.05）．個別の項目で見ると，「子どもに八つ当たりをした」，「子どもが見
ているところで夫婦で激しいけんかをした」において，初産年齢 10 代の者の
方が 20 代以降の者より有意に高く（いずれも p<.05），「子どもが身体的不調を
訴えても医者に連れて行かなかった」についても，初産年齢が 10 代の者の方
が高い傾向が見られた（p<.10）.「子どもに『お前は本当はうちの子じゃない』
と言った」については、初産年齢が 20 代以降の者の方が 10 代の者より有意に
高かった（p<.01）（表 4）.

　次に初産年齢が虐待的育児に与える影響を検証するため，階層的重回帰分析

表4　虐待的育児（従属変数）及びパートナーの手荒な育児への懸念（独立変数）の記述統計

	初産年齢分類				t	p
	10代		20代以降			
	M	SD	M	SD		
虐待的育児（合計得点）	16.94	3.91	14.92	3.61	t (60) = 2.38	*
1. しつけのために子どもをたたいた	2.12	.86	1.94	.93	t (87) = .59	
2. しつけのために子どもを長時間戸外に出した	1.18	.39	1.06	.23	t (87) = 1.67	
3. 子どもに八つ当たりをした	2.59	.80	2.01	1.01	t (87) = 2.18	*
4. 子どもが何かを要求しても放っておいた	1.88	.89	1.71	.80	t (86) = .74	
5. 衣服が汚れていても着替えさせなかった	1.24	.75	1.08	.28	t (17) = .82	
6. 子どもだけを家に残して夜間に外出した	1.88	.93	1.60	.85	t (87) = 1.22	
7. 子どもが身体的不調を訴えても医者に連れて行かなかった	1.18	.39	1.03	.17	t (17) = 1.53	†
8. 子どもに「お前は本当はうちの子じゃない」と言った	1.00	.00	1.08	.28	t (71) = -2.54	**
9. 子どもに「お前なんか生まれなければ良かった」と言った	1.18	.53	1.19	.55	t (87) = -.12	
10. 子どもが見ているところで夫婦で激しいけんかをした	2.82	1.02	2.18	1.08	t (87) = 2.23	*
パートナーの手荒な育児への懸念	1.53	.72	1.76	1.05	t (34) = -1.08	

注．N = 90. 欠損値は除外．
† $p < .10$, *$p < .05$. **$p < .01$. ***$p < .001$.

表5　虐待的育児を予測する階層的重回帰分析

変数	Step1		Step2	
	β	t	β	t
年齢（調査時）	-.775	-.406	.018	.188
刑期（月）	-.033	-.018	.047	.502
高卒以上の学歴	-1.360	-.714	-.031	-.322
ACE 該当	5.090	2.636**	.222	2.309*
パートナーの手荒な育児への懸念	7.956	4.198***	.407	4.395***
初産年齢が10代			.223	2.161*
R^2		.258***		.258***
ΔR^2		.298***		.040*

注．N = 95. β は標準化偏回帰係数である．全ての変数において多重代入による欠損値処理が行われた．
† $p < .10$, *$p < .05$. **$p < .01$. ***$p < .001$.

を行った（表5）．まず，これまでの分析で明らかとなった，初産年齢10代及び20代以降の者との間で有意差が認められた3変数（調査時年齢，刑期，高卒以上の学歴）を統制変数とし，また，先行研究（Sasaki et al., 2023）において女性受刑者の虐待的育児を有意に予測とされている2変数（ACE及びパートナーの手荒な育児への懸念）を独立変数として投入したところ（Step1），決定係数R^2は有意であった（$F_{(5, 89)} = 6.20$, $p < .001$）．次に，10代初産を独立変数として追加投入したところ（Step2），Step1からの決定係数の変化量ΔR^2（$F_{(1, 88)} = 5.02$, $p < .05$）及び3つの独立変数（ACE（$\beta = .222$, $p < .05$），パートナーの手荒な育児への懸念（$\beta = .407$, $p < .001$），初産10代（$\beta = .223$, $p < .05$））の標準偏回帰係数はいずれも有意だった（統制変数の標準偏回帰係数はいずれも有意ではなかった）．よって，女性受刑者の虐待的育児を予測する上で，10代初産が重要な一要素となることが示唆された．

5 考察

　本研究では，10代で母親になった女性受刑者の特徴を明らかにするため，初産年齢を「10代」及び「20代以降」で分類し，社会経済的状況や小児期の逆境体験，虐待的育児に焦点を当てた比較分析を行った．はじめに，女性受刑者の初産年齢の特徴を見てみると，日本人女性一般の水準と比べ，若くして出産する傾向が認められた．厚生労働省（2021a）の統計によると，2019年の日本人女性の平均初産年齢は30.7で晩産化が指摘されている中で，本研究の女性受刑者における平均初産年齢は25.2と，昭和50年の日本人女性の値（25.7）に近い値であった．また，約2割の者が10代での初産を経験していることからも（日本人女性の全出産数に占める10代出産の割合は0.8％：厚生労働省 2022），若くして母親になることは，女性受刑者に特有のニーズとして注目に値することが示唆される．具体的には，10代で母親になった女性受刑者は，犯罪性や精神障害，配偶者の有無や生活保護受給歴において，20代以降に出産した者と差がなかったものの，学業達成や逆境的家族背景の面ではより脆弱であった．また，育児に特化した文脈では，子どもとの同居率や親権者率，相談先の有無や出所後の育児希望といった点では差がなかったものの，虐待的育児のリスク

については，10代で母親になった者の方が高い傾向が見られた．よって，10代で母親になった女性受刑者については，教育面，育った家庭環境，そして育児の質においてより脆弱であり，こうした側面に配慮した育児支援が求められることが示唆された．

　まず教育面では，初産年齢が10代の者の約半数が高校を中退しており，高卒以上の学歴を有する者の割合は 11.8% にとどまるなど，20代以降に出産した者（39.7%）と比べて有意に低かった．先行研究により，子どもの有無による女性受刑者内の教育格差が指摘されているところ（Sasaki et al. 2022），本研究の結果からは，子どもを持つ女性受刑者の中でもさらに初産年齢による教育格差が存在することが示唆された．これらの結果から，10代初産と学歴との関連性は示されたものの，両者の因果関係については特定できていないことから，10代初産が学業離脱に与える影響と，学業離脱が10代初産に与える影響の両側面から考察を行いたい．まず，10代初産が学業離脱に与える影響として，町浦（2000）は，10代妊婦への面接調査を通じて，我が国で10代妊婦が学校を続けるには，中絶をするか又は学校を中退して出産するかの2肢しかなく，米国のように本人が望めば学校を続けられ，公的な経済的支援が受けられる状況とは大きく異なることを指摘している．日本人女性一般（文部科学省2018；大川 2010）においても，10代での妊娠・出産が学業達成に不利に働く傾向が指摘されており，女性受刑者に限らず，社会全体で若年での妊娠・出産を経た後に学業が継続できるシステムを構築することが求められる．他方，男女の学生を対象とした米国の研究においては，女子生徒においては学校生活への好意的態度が10代の出産を抑制する要因となることが明らかにされており（男子生徒においてはこうした因果関係が見られない：Krohn et al. 1997），本研究で示された初産10代の女性受刑者における学業離脱者の多さについても，学校生活への否定的態度や，学校以外の場（年長者や異性との不良交遊等）に居場所を求める試みの中で生じた結果である可能性も考えられる．

　学業離脱と早期妊娠・出産が結び付くメカニズムについては更なる探究を要するが，いずれにせよ，若くして母親になった女性受刑者への育児支援においては，彼女たちの教育面での脆弱性が育児に与える負の影響を最小限に抑えるための配慮が必要である．この点に関しては，元受刑者を含む依存症の女性た

ちの回復と自立を支援する「ダルク女性ハウス」による子育て支援が参考とな
る．「ダルク女性ハウス」を利用する母親の中には，子どもの保護者会で先生
に言われたことや学校から配られたプリントに書いてあることが分からない者，
進学に必要な経費が分かっていない者，子どもの受験に際して公立と私立の区
別がつかない者などがおり，一つ一つスタッフが話を聞いて一緒に考えて解決
しているとのことである（上岡 2019）．若くして母親になった女性受刑者の教
育的背景を踏まえると，同様の問題を抱えている可能性が十分に考えられるこ
とから，彼女たちに対する育児支援においても，一般的な母親教育を前提とす
るのではなく，学業から離脱したことにより身に付けることができなかった側
面を補いながら実施することが求められる．

　次に，育った家庭における小児期逆境体験（ACE）の経験率に関しては，初
産年齢による有意差は認められなかったものの（有意傾向はあり），初産年齢が
10 代の者の全員が ACE を最低 1 項目は経験し，6 割以上の者が ACE を 4 項
目以上経験していた点は注目に値する．一般の 10 代妊婦においても ACE の
経験率（約 4 割）が高いことが指摘されているが（大川他，2020），初産年齢が
10 代の女性受刑者においてはそれ以上に高いことが見込まれる．一般の 10 代
母親において，ACE が学業達成度の低さや妊娠への不安，母親になることへ
の決意の乏しさなどの面で負の影響を及ぼし続けることが指摘されており（大
川他 2020），女性受刑者においても同様の負の連鎖が生じている可能性がある．
被虐待歴が早期妊娠を促す要因として，米国の先行研究では，性的被害体験
がある女性受刑者や非行少女は，初交年齢が早く（Mason et al. 1998; Goodkind
2006），性交渉の人数が多いこと（Goodkinde 2006），性的・身体的な虐待被害
がある女性受刑者は避妊をしない傾向があり（Mason et al. 1998），家出少女の
うち，性的・身体的な虐待被害がある者は，早すぎる自活や不良交友に陥る者
が多く，それが売春のリスクを高めることや（Whitbeck et al. 1999），初婚年齢
が低く，家庭での問題を異性関係や結婚により解決しようとする傾向があるこ
とが指摘されている（Blair 2010）．本研究では，女性受刑者が様々な脆弱性を
抱えながら 10 代で初産に至る一連のプロセスについては検証できていないこ
とから，今後そのプロセスを解明していくことが望まれる．一方で，米国の
10 代母親を対象とした研究によると，過去の逆境体験が深刻であるほど自身

の子どもとの関係性に困難を生じやすいものの，たとえ逆境を経験していても，親との関係性や自身の出産の捉え方次第では，そうした困難が緩和されることも明らかにされていることから（Milan et al. 2004），若くして母親になった女性受刑者においても，育児や母親役割について前向きに捉えられるように支援することが重要となる．

　さらに，10代で母親になることが虐待的育児に与える影響について検討したところ，初産年齢が10代の者においては，20代以降の者と比べ，虐待的育児の合計得点が高かったほか，初産年齢が10代であることは，虐待的育児を予測する一要因となることが示された．ACE及びパートナーの手荒な育児への懸念についても虐待的育児への影響が確認されたが，これら2要因に関する考察は先行研究（Sasaki et al. 2023）に譲ることとし，本研究の結果は，初産年齢についても虐待的育児を招く一要因となり得ることを示唆する．本研究において，初産年齢が10代の者が20代以降の者よりも有意に高かった虐待的育児の項目として，「子どもに八つ当たりをした」及び「子どもが見ているところで夫婦で激しいけんかをした」が挙げられる[1]．これらの項目は，状況や頻度によっては必ずしも虐待的とまでは言えない側面があるものの，10代で母親になった女性受刑者において，これらの得点が有意に高かったことを踏まえると，思春期の段階で母親となり，十分な教育や人生経験を踏まないまま育児困難を抱えると，未熟な育児に陥りやすくなる可能性は否定できない．よって，虐待予防に資する母親教育の必要性が示唆される一方で，上述したように，彼女たちにおけるACEの経験率の高さを踏まえると，まずは，彼女たち自身が育った家庭において受けたトラウマの影響について支援者が理解した上で，かつ彼女たち自身も過去のトラウマが現在の育児に与える影響を理解しながら展開されるトラウマインフォームドなアプローチ（Elliot et al. 2005）が望まれる。他方，前述したMilan et al.（2004）の研究では，小児期の逆境体験があったとしても，パートナーと協力的な関係性を築ければ，子どもとの関係性における困難も緩和されることが明らかにされており，今回の重回帰分析においても，パートナーの手荒な育児への懸念が母親の虐待的育児に影響を与えることが確認されたことから，母親の育児困難をパートナーとの関係性を含む家庭全体の問題として捉えることが重要である．

　ただし，本研究では，女性受刑者がそもそも虐待的育児のリスクが高い群なのかどうかについては検証ができておらず，若くして母親になった女性受刑者を虐待のハイリスク群と見做すのは早計である[2]。我が国においては，10代での妊娠・出産が非常にまれで，それを逸脱と見なす風潮もあり，彼女たち自身もそうしたスティグマを敏感に感じ取り（林他 2015；町浦 2000），「どうせ虐待してるんでしょ．」と世間から偏見視されることへの葛藤を抱えているとの報告もある（大川 2010）。若くして母親になった女性受刑者においては，これに受刑歴が加わることで，周囲の偏見が一層強まるおそれや，そうした偏見を彼女たち自身が取り入れることで自己成就的に虐待的な育児に陥ったり，支援希求が阻害されたりするおそれがあることから，支援者や関係者は特に留意する必要がある．

　最後に，出所後の育児支援について考察したい．本研究の対象となった女性受刑者のほぼ全員が，出所後の母子統合を望み，子どもとの同居率や親権者率も高かったことを踏まえると，出所後も継続した育児支援が求められる．ただし，彼女たちの大部分が逆境的家庭環境で育っていることを踏まえると，一般の10代の母親のように実家の母親を頼ること（平野・上野 2005；大川他 2020）は難しいことも想定され，また，シングルマザー率が約4割と高いことからも，家族以外のサポート資源といかにつながっていけるかが重要な鍵となる．例えば，米国では，10代，未婚，低所得といったハイリスクの母親に対する看護師による訪問支援が，母親の虐待的育児や犯罪を減らすのみならず（Olds et al. 1997），その娘の非行を減らす効果があるとされている（Eckenrode et al. 2010）．こうしたアウトリーチ型の育児支援は，家族を頼りにできず孤立しがちな母親受刑者の出所後の支援においても効果を発揮するのではないかと思われる．また，出所後も含めた継続的な支援を実現するためには，若くして母親になった女性受刑者が，地域の育児関連資源とつながるためのコーディネート業務を行うケースワーカーを刑務所内に配置することが効果的であると思われ，受刑中から確実に地域の資源とつながっておくことで，出所後に育児困難に陥ることを防ぎ，困難に上手く対処することができるものと期待される．

6　本研究の限界点と今後の課題

　本研究の限界点として，サンプル数の少なさや自己申告に基づいている点に加え，保健医療的な側面や性的行動など，妊娠・出産に直結する重要な要素を取り上げておらず，また，脆弱性を中心とするネガティブな側面に焦点を当てたことから，若くして母親になった女性受刑者が抱えるニーズのごく一部しか捉えられていない点が挙げられる．先行研究からは，10代で出産した母親の大部分が妊娠を肯定的に捉えていることや（平尾・上野 2005；宮本他 2015；村越他 2011），学業に苦労する少女にとって母親になることは不利な環境から脱出する手段ともなり得ること（賀数他 2015）が指摘されており，今後は十分なサンプル数を備えた上で，より幅広く彼女たちのニーズを検討する必要がある．また，若くして母親になった女性受刑者が様々な困難をどのように経験してきたのか，そして出所後はどのように経過していくのか，そのプロセスついては解明できておらず，今後の課題である。特に，出所後の支援の在り方を考える上では，若くして母親になり，かつ受刑を重ねることによって生じる累犯者に特有の困難や子どもとの関係性における変化などを解明していくことも重要である。

［注］
1　「子どもに『お前は本当はうちの子じゃない』と言った」についても有意差が見られたものの，初産年齢10代の者（1.00）及び20代以降の者（1.08）のいずれの得点も「1= 全くなかった」に極めて近い値であったため，考察の対象外とする．
2　米国の先行研究では，薬物使用歴のある女性受刑者の育児態度について，虐待的ではない一般の母親集団の平均の範囲内に収まっており，特段虐待的であるとは言えないとされている（Surrat 2003）．

［文献］
Berry, M., Johnson, T., Severson, M., & Postmus, J. L. (2009) Wives and mothers at risk: The role of marital and maternal status in criminal activity and incarceration. *Families in Society, 90* (3), 293–300. https://doi.org/10.1606/1044-3894.3891

Blair, S. K.（2010）The influence of risk-taking behaviors on the transition into marriage: an examination of the long-term consequences of adolescent behavior, *Marriage & Family Review, 46（1-2）*, 126-146. https://doi.org/10.1080/01494921003685169

Carbone-Lopez, K., Miller, J.（2012）Precocious role entry as a mediating factor in women's methamphetamine use: Implications for life-course and pathways research. *Criminology, 50（1）*, 187-220. https://doi.org/10.1111/j.1745-9125.2011.00248.xbwrr

Eckenrode, J., Campa, M., Luckey, D. W., Henderson, C. R., Cole, R., Kitzman, H., Anson, E., Sidora-Arcoleo, K., Powers, J., & Olds, D.（2010）Long-term effects of prenatal and infancy nurse home visitation on the life course of youths: 19-year follow-up of a randomized trial. *Archives of Pediatrics & Adolescent Medicine. 164（1）*, 9-15.

Elliot, D. E., Bjelajac, P., Fallot, R. D., Markoff, L. S. & Reed, B. G.（2005）Trauma-informed or trauma-denied: Principles and implementation of trauma-informed services for women, *Journal of Community Psychology, 33（4）*, 461-477. https://doi.org/10.1002/jcop.20063

Felitti, V. J., Anda, R.F., Nordenberg, D., Williamson, D. F., Spitz, A. M., Edwards, V., Koss, M. P., & Marks, J. S.（1998）Relationship of childhood abuse and household dysfunction to many of the leading causes of death in adults. *American Journal of Preventive Medicine, 14（4）*, 245-258. https://doi.org/10.1016/S0749-3797（98）00017-8

Ferrero, K. J. and Moe, A. M.（2003）Mothering, crime and incarceration, *Journal of Contemporary Ethnography, 32*, 9-40. https://doi.org/10.1177/0891241602238937

Goodkind, S., Ng, I., Sarri, R. C.（2006）. The impact of sexual abuse in the lives of young women involved or at risk of involvement with the juvenile justice system. *Violence Against Women, 12(5)*, 456-477. https://doi.org/10.1177/1077801206288142

林 知里・横山美江・根岸淨子（2015）「10代の母親の育児状況とニーズ」『大阪市立大学看護学雑誌』11, 21-28

平尾恭子・上野昌江（2005）「10代で出産した母親の母親行動とソーシャルサポートとの関連」『小児保健研究』64（3）, 417 ～ 424

今村有子（2007）「女子少年の性行動と非行－実態調査報告①－」『犯罪心理学研究44（特別号）』, 176-177

Isumi, A., & Fujiwara, T.（2016）Association of adverse childhood experiences with shaking and smothering behaviors among Japanese caregivers. *Child abuse & neglect, 57*, 12-20. https://doi.org/10.1016/j.chiabu.2016.05.002

Joo, B.（2008）The relationship between past experiences of child abuse and current parenting practices among incarcerated women. ProQuest Dissertations Publishing.

上岡陽江（2019）「こどもと生き延びるために」上岡晴江, ダルク女性ハウス, 熊谷晋

一郎『ひとりでがんばってしまうあなたのための子育ての本―「ダルク女性ハウス」から学ぶこと・気づくこと』ジャパンマシニスト社, 30-49

賀数いづみ・前田和子・西平朋子 (2015)「沖縄県における10代母親の現状とハイリスク者の特定」『沖縄県立看護大学紀要』16, 49-61

加藤曜子・安部計彦・佐藤拓代・畠山由佳子・三上邦彦 (2017)「ネグレクトで育った子どもたちへの虐待防止ネットワーク：10代親への支援の実態調査より」『厚生の指標』, 64 (13), 33-41

子どもの虐待防止センター (1999)「首都圏一般人口における児童虐待の疫学調査報告書」『平成11年度社会福祉・医療事業団子育て支援基金助成事業』

駒村康平・道中 隆・丸山 桂 (2011)「被保護母子世帯における貧困の世代間連鎖と生活上の問題」『三田学会雑誌』103 (4), 619-645 https://koara.lib.keio.ac.jp/xoonips/modules/xoonips/detail.php?koara_id=AN00234610-20110101-0051

厚生労働省 (2021a)「令和3年度「出生に関する統計」の概況」https://www.mhlw.go.jp/toukei/saikin/hw/jinkou/tokusyu/syussyo07/index.html

厚生労働省 (2021b)「子ども虐待による死亡事例等の検証結果等について（第17次報告）」https://www.mhlw.go.jp/stf/seisakunitsuite/bunya/0000190801_00002.html

厚生労働省 (2022)「令和2年 (2020) 人口動態統計（確定数）の概況」https://www.mhlw.go.jp/toukei/saikin/hw/jinkou/kakutei20/dl/08_h4.pdf

Krohn, M. D., Lizotte, A. J., Perez, C. M. (1997) The interrelationship between substance use and precocious transitions to adult statuses. *Journal of Health and Social Behavior, 38* (1), 87-103. https://doi.org/10.2307/2955363

町浦美智子 (2000)「社会的な視点からみた十代妊娠―十代妊婦への面接調査から」『母性衛生』41 (1), 24-31

Mason, W. A., Zimmerman, L., Evans, W. (1998) Sexual and physical abuse among incarcerated youth: Implications for sexual behavior, contraceptive use, and teenage pregnancy. *Child Abuse & Neglect, 22*(10), 987-995. https://doi.org/10.1016/S0145-2134 (98) 00080-5

Mensch, B., Kandel, D. B. (1992) Drug use as a risk factor for premarital teen pregnancy and abortion in a national sample of young white women. *Demography., 29*(3), 409-429. https://doi.org/10.2307/2061826

Milan, S., Lewis, J., Ethier, K., Kershaw, T., & Ickovics, J. R. (2004) The impact of physical maltreatment history on the adolescent mother–infant relationship: Mediating and moderating effects during the transition to early parenthood, *Journal of Abnormal Child Psychology, 32*(3), 249-261.

宮本亜由美・小川久貴子・宮内清子 (2015)「国内文献からとらえられる10代で出産し

た母親の育児の現状と今後の課題」『東京女子医科大学看護学会誌』10(1), 19-25

Moe, A. M., & Ferraro, K. J. (2007) Criminalized mothers, *Women and Therapy, 29* (*3-4*), 135-164. https://doi.org/10.1300/J015v29n03_08

文部科学省（2018）「公立の高等学校（全日制及び定時制）における妊娠を理由とした退学に係る実態把握結果」https://www.mext.go.jp/a_menu/shotou/seitoshidou/__icsFiles/afieldfile/2018/11/16/1411217_001_1.pdf

村越友紀・望月善子・渡辺 博・稲葉憲之（2011）「10代出産女性の現状と課題：10代出産女性のアンケート調査からの検討」『獨協医学会雑誌』38(1), 87-94

西澤 哲・屋内麻里（2006）『虐待行為につながる心理的特徴について：虐待心性尺度（Parental Abusive Attitudes Inventory: PAAI）の開発に向けた予備的研究』西澤哲（編）児童福祉機関における思春期児童等に対する心理的アセスメントの導入に関する研究 平成17年度研究報告書「平成17年度厚生労働科学研究費助成金（子ども家庭総合研究事業）」https://mhlw-grants.niph.go.jp/project/10977/1

小川久貴子・安達久美子・恵美須文枝（2006）「10代妊婦に関する研究内容の分析と今後の課題：1990年から2005年の国内文献の調査から」『日本助産学会誌』20(2), 50-63

大川聡子（2010）「10代の母親が社会化する過程において，顕在化する支援ニーズ」『立命館産業社会論集』46(2), 67-88

大川聡子・谷村美緒・廣地彩香・眞壁美香・吉田有沙・安本理抄・根来佐由美・金谷志子・上野 昌江（2020）「10代母親への妊娠期から産後にわたる保健師の継続支援―逆境的小児期体験（ACE）の有無による比較―」『日本地域看護学会誌』23(2), 33-42. https://doi.org/10.20746/jachn.23.2_33

Olds, D. L., Eckenrode, J, Henderson, C. R., Kitzman, H., Powers, J., Cole, R., Sidora, K., Morris, P., Pettitt, L. M., Luckey, D. (1997) Long-term effects of home visitation on maternal life course and child abuse and neglect: Fifteen-year follow-up of a randomized trial. *JAMA : Journal of the American Medical Association,* 278(8), 637-643.

定月みゆき（2013）「若年妊娠における社会的問題」『周産期医学』43(7), 885-888

Sasaki, A., Mochizuki, A., & Daiki, Y. (2022) . Gender-responsive needs and vulnerabilities among incarcerated mothers in Japan: Comparisons with non-mothers and fathers. *Feminist Criminology, 17,* 541-564. https://doi.org/10.1177/15570851221112699

Sasaki, A. Mochizuki, A., & Daiki, Y. (2023) . Gender Differences in Abusive Parenting among Incarcerated Parents in Japan. *The Prison Journal, 130* (*1*), 45-67. https://doi.org/10.1177/00328855221139865

砂川公美子・田中満由美（2010）「10代で妊娠をした女性が自身の妊娠に適応していく

プロセス」『母性衛生』51（3），153–153

Surrat, H. J.（2003）Parenting attitudes of drug-involved women inmates, *The Prison Journal, 83*（2），206-220. https://doi.org/10.1177/0032885503083002006

鈴井江三子・齋藤雅子・飯尾祐加・山名華代・中井祐一郎・岩崎千歳・大橋一友（2019）「子どもをもつ女性受刑者の養育体験と未成年期の行動特」『母性衛生』60（1），118-127

東京都社会福祉協議会保育部会調査研究委員会（2003）「10 代で出産した母親の子育てと子育て支援に関する調査報告概要」https://www.tcsw.tvac.or.jp/chosa/report/0309_01.html

田島朝信・中居理恵・上田貴子・岩岡小百合・佐藤真理・嶋田ラク子（1996）「十代妊婦の家族的背景とその帰結」『母性衛生』37（2），179-187

坪井聡（2013）「児童虐待の被害を測定する国際的調査票の日本語版の作成」『科学研究費助成事業 研究報告』https://kaken.nii.ac.jp/ja/grant/KAKENHI-PROJECT24790625/

Whitbeck, Les B., Hoyt, Dan R., Yoder, Kevin A.（1999）A risk-amplification model of victimization and depressive symptoms among runaway and homeless adolescents. *American Journal of Community Psychology, 27*（2），273–296. https://doi.org/10.1023/A:1022891802943

薬物事犯保護観察対象者の回復を促進又は阻害する保護観察官の関わりに関する探索的研究

Exploratory Study of Probation Officers' Involvement in Promoting or Impeding
the Recovery of Drug Offenders on Probation

有野雄大* 森田展彰**

1 研究の背景と目的

更生保護における薬物事犯者処遇については次々と新規施策が打ち出され，年々充実しているといえる．その証拠として，2012（平成24）年に犯罪対策閣僚会議が決定した「再犯防止に向けた総合対策」は，2021（令和3）年までに，刑務所出所者等の出所後2年以内再入率を20％以上減少させることを目標としたが，このうち覚醒剤事犯については，2011（平成23）年出所受刑者の出所後2年以内再入率が20.0％であるのに対し，2019（平成31／令和元）年出所受刑者の2年以内再入率は15.8％であり，目標を達成した（法務省2021）．

一方で，Hazama & Katsuta（2020）は，受刑回数が多いこと，受刑期間が長いことが薬物関連再犯の危険因子であることを明らかにした．また，嶋根他（2019）は，刑事施設への入所回数が増えるほど，薬物依存の重症度が上がることを明らかにした．覚醒剤取締法違反の同一罪名再犯者の割合は上昇傾向にあり（法務省法務総合研究所 2023），原田（2019）は，現行の薬物政策が十分に機能していないことを，丸山（2018）は，必ずしも効果的な対策となっていないことをそれぞれ指摘している．さらに原田（2019）は，これまでの刑罰一辺倒の薬物政策を大胆に転換する必要があると述べている．

*東京保護観察所立川支部保護観察官 **筑波大学医学医療系准教授

　筆者が知る限りでは，政府が決定した方針等の中で「回復」という文言は，2008（平成20）年に薬物乱用対策推進本部が決定した「第三次薬物乱用防止五か年戦略」において初めて登場した．その後，「薬物依存のある刑務所出所者等の支援に関する地域連携ガイドライン」が策定され，刑の一部の執行猶予制度が施行されるなどし，押切・山下（2016）によれば，薬物事犯者への対応は，刑罰から「刑罰＋回復支援」へと舵を切ろうとしている．とりわけ，前記ガイドラインにおいては，基本指針として，「規制薬物の乱用は，犯罪行為であると同時に，しばしば薬物依存の一症状でもあるため，（中略）支援対象者の薬物依存からの回復と社会復帰を支援する」ことが明記された．

　一般的な意味において「回復（リカバリー）」は，アメリカのセルフヘルプ運動から出発した（田中 2010）．1940年代からアメリカで盛んになったクラブハウス運動と，その後の消費者主義の潮流の中で発展した当事者中心のリハビリテーションの流れを踏まえて，精神障害者リハビリテーションの概念の枠組みが組み立てられ，その中心的な概念がリカバリーであった（安西 2009）．1980年代後半には，コンシューマー運動やサバイバー運動の牽引者らが，精神保健関係の専門誌にリカバリーの物語を連載するようになった（野中 2010; 南山 2021）．これが精神疾患を経験している人々など，多くの人々に共感とともに受け入れられていったことが，リカバリー運動の拡張をもたらした（南山 2021）．例えば，Deegan（1988）は，「リカバリーとは，障害者が障害を受け入れ，克服していくための生きた現実の体験を意味する」と述べている．アメリカのリカバリー運動における先駆者の一人であるAnthony（1993=1998）は，「回復（リカバリー）は，極めて個人的で独特な過程として描かれる．それは，その人の態度，価値観，感情，目的，技量，役割などの変化の過程である．疾患によりもたらされた制限付きではあるが，満足感のある，希望に満ちた，人の役に立つ人生を生きる道である．回復は，精神疾患の破局的な影響を乗り越えて，人生の新しい意味と目的を創り出すことでもある」と述べている．

　メンタルヘルスサービスにおけるリカバリーの考え方は，薬物・アルコール問題などの専門分野にも適用できる（Shepherd 2010）とされている．アメリカのベティフォード研究所は，「回復」を「断酒・断薬，個人的な健康，市民権によって特徴付けられる自発的に維持されるライフスタイル」と定義

付けた（The Betty Ford Institute Consensus Panel 2007）．また，アメリカ薬
物乱用精神保健サービス管理庁（Substance Abuse and Mental Health Services
Administration：SAMHSA）は，「回復」を「個人が健康とウェルネスを向上さ
せ，自分で主導する生活を送り，自分の可能性を最大限に発揮するために努力
する変化のプロセス」と定義した（SAMHSA 2012）．しかしながら，「回復」
について，統一された定義はない（Laudet 2007; Dodge and Kenny 2010; Kvia et
al. 2021），標準的な（The Betty Ford Institute Consensus Panel 2007）又は確立
した（Best et al. 2015; Williams et al. 2015）定義がない，定義が曖昧で不明確で
ある（Davidson and White 2007; Inanlou et al. 2020），理論的枠組みが精緻化され
ていない（el-Guebaly 2012）といった指摘も多く，適切な介入や研究を行う上
での課題となっている（Inanlou et al. 2020）．

　精神医療・保健福祉の領域では，Borkin et al.（2000）が，精神疾患からリ
カバリーできるという姿勢を「回復（リカバリー）志向性」と定義している．
Shepherd（2010）は，リカバリー志向のサービスにおける中心的課題は，当事
者の希望や将来の夢を実現するために，いかに支援するかということにある
と述べている．また，（野中 2011）は，リカバリー志向的な精神保健サービス
を行うということは，これまでどおりの治療者−患者関係や，援助者−被援助
者関係，専門性に伴う上下関係ではなく，同じ目的であるリカバリーを志向し
て協働するパートナーシップへの転換が求められると述べている．リカバリー
志向の実践の中核的視点の一つに「ストレングスモデル」があり，個人のスト
レングス（個人の属性，才能・技能，関心・願望，環境のストレングス）に照準し
た実践の重要性が強調されている（南山 2015; Rapp and Goscha 2011=2014）．ス
トレングスの視点に基づくアプローチは，1980 年代後半から，アメリカのソ
ーシャルワーク理論において台頭してきた（狭間 2000）．この視点に立ったア
プローチでは，犯罪者は，他者にとっての問題である「客体」ではなく，自ら
の問題を解決する「主体」として位置付けられ，周囲の関わりは本人による
問題解決を応援するエンパワメント（本人の目標達成の支援）に限られる（津富
2009; 2011）．これをベースにした治療が，再犯防止に有効であるという考え方
が表れてきている（山本 2020）．保護観察処遇においても，保護観察官や保護
司が保護観察対象者の強み（ストレングス）を把握し（勝田 2021），本人やその

周囲が持つストレングスを活用・強化するという視点を得ることで，彼らの更なる活路が開かれる（寺戸 2011）との指摘がある．

　一方で，薬物依存からの回復に関しては，SAMHSA は，回復支援サービスの組織的枠組みを構成する回復志向のケアシステム（Recovery Oriented Systems of Care）を推進している（Laudet and Humphreys 2013）．SAMHSA（2010）は，回復志向のケアシステムを「個人，家族，コミュニティの強さと回復力を土台とした人を中心としたサービスと支援の連携ネットワークであり，アルコールと薬物の問題を抱える人やそのリスクを抱える人の断酒・断薬と健康，ウェルネス，生活の質の向上を達成するものである」と定義している．我が国の薬物依存者への支援においては，「回復（リカバリー）志向」という言葉は必ずしも普及していないが，小沼（2004）が，一番重要なことは，薬物依存の治療の主体が薬物依存者自身であるという認識であり，第三者にできるのは，その回復を支援することでしかないと述べ，石塚（2001）も，犯罪や非行からの回復は，対象者自身の人間としての尊厳とその主体性の回復から始まることが確認されるべきであると述べており，これらは，回復（リカバリー）志向の考え方の一つであるといえる．しかしながら，薬物依存についての回復（リカバリー）志向の定義や中核的な概念に関する研究は不十分であり，回復（リカバリー）志向性を測定する尺度も開発されていない．どのような関わりが薬物依存からの回復を志向するものであるのかというエビデンスが蓄積され学術的に議論されることが必要といえる．

　更生保護における新規施策が充実するにつれて，その実施者である保護観察官が，薬物事犯者の薬物依存からの回復支援に果たす役割は年々大きくなっているといえる．この点，医療従事者の態度は，物質使用障害のある人の治療成果に影響することが明らかになっているが（例えば Van Boekel et al. 2013），Belenko et al.（2018）も指摘するように，保護観察官の態度に関する研究は限られている．そこで，本研究は，リサーチクエスチョンを，「保護観察官における，薬物事犯保護観察対象者の回復を促進する関わりと回復を阻害する関わりとはどういうものか？」とし，保護観察官が薬物事犯保護観察対象者の回復を支援する上で，どのような関わりが回復を促進し，回復を阻害するかを明らかにし，整理することを目的とする．

2 対象及び方法

本研究においては，薬物事犯者処遇の経験豊富な保護観察官を対象に，オンラインシステム Zoom によるフォーカス・グループ・インタビューを行い，KJ 法（川喜田 2017）により分析を行うこととした．以下，詳細を説明する．

まず，研究参加者であるが，保護観察所において薬物事犯保護観察対象者の保護観察処遇を担当する保護観察官のうち，ⅰ）保護観察所の薬物ユニットにおける処遇業務又は地方更生保護委員会における薬物事犯者社会復帰調査（旧・社会内移行調査）業務の経験があること，ⅱ）保護観察官としての勤務年数が 10 年以上あること，ⅲ）管理的立場又はそれに準ずる立場から，部下職員の処遇を俯瞰的に見る経験をしていること，ⅳ）薬物問題に対する関心が高いと思われること，の複数に該当する人を候補者とした．Folch-Lyon & Trost（1981）は，フォーカス・グループ・インタビューを実施する上で適切な人数は 6 名から 12 名としていることから，少なくとも 6 名の研究参加者をリクルートすることを目指すこととした．フォーカス・グループ・インタビューは，Beck et al.（1986）によって，「簡単にいえば，選ばれた人たちが，目の前の状況に関連する特定のトピックについて，形式ばらずに話し合うこと」と定義されているが，司会者と回答者間の相互作用や回答者間同士の相互作用によって，得られる知識に深みと広がりが増す可能性が考えられる（Vaughn et al. 1996=1999）ことから，調査方法としてこれを選択した．また，得られたデータを分類・集約することを通じて，新たなことに着眼し，研究の筋道を明らかにしていく（中嶌 2015）という特性に照らして，分析方法として KJ 法を選択した．

フォーカス・グループ・インタビューの質問項目は以下のとおりとした．市川（2019）と嶋根（2007）を参考に，「回復」を「単に薬物使用を中断することにとどまらず，人生そのものの再構築である．ただし，リラプスしたからといって後戻りしているとは限らず，リラプスを繰り返しながらゆっくりと進むものである」と操作的に定義し，事前に研究参加者に提示した上で，回復を促進する関わりと阻害する関わりについて自由な発言を求めた．

Uwe（2002 = 2011）に倣い，逐語録作成後には研究参加者の発言に誤りがないかを確認するため，また，分析後にはその結果の質を担保するため，逐語録及び KJ 法による分析結果について，研究参加者によるメンバーチェッキングを受けた．

本研究は，筑波大学医学医療系医の倫理委員会の承認を得て実施した（通知番号第 1688 号）．研究参加者には，個人情報の扱い，研究への参加は自由意思に基づくものであること，研究結果を個人が特定されない形で学術誌に公表することなどについて書面及び口頭で説明し，了解を得た．

3　結果

フォーカス・グループ・インタビューは，2022 年 2 月に実施した．保護観察官 9 名が参加し，インタビュー時間は 102 分間であった．研究参加者の属性は，男性 5 名，女性 4 名，40 代 4 名，50 代 5 名，保護観察官としての経験年数の平均は 18.7（± 6.7）年であった．

インタビュー内容は Zoom のレコーディング機能により録音し，逐語録を作成した．これについて，ベテラン保護観察官 1 名の協力を得て，KJ 法による分析を行った．その結果，回復を促進する関わりについては 35，回復を阻害する関わりについては 12 の計 47 ラベルが作成された．これらを類似するもの同士でグループ化したところ，21 の 1 段目表札（小カテゴリー）が作成された．更にこれら 21 の表札を類似するもの同士でグループ化したところ，10 の 2 段目表札（中カテゴリー）が作成された．最終的に，これら 10 の表札は，3 つの 3 段目表札（大カテゴリー）にまとめられた．これを表 1 ～ 3 に示す．

なお，小カテゴリー→中カテゴリー→大カテゴリーへとまとめるに当たり，促進要因のみならず阻害要因もカテゴリーに含めたが，これは，本研究結果をもとに，保護観察官の回復志向性を測定する尺度を作成する予定であり，阻害要因については，逆転させて評定することを想定しているという理由による．

分析結果を踏まえて，中カテゴリーの関係性を検討し，図解化したものを図に示す（これを「KJ 法 A 型」という）．

図解化したものに基づき，文章化したものを「KJ 法 B 型」という．以下，

表1 KJ法による分析結果（本人主体の関わりをする）

大カテゴリー（3段目表札）	中カテゴリー（2段目表札）	小カテゴリー（1段目表札）		元ラベル
本人主体の関わりをする	④ 本人の尊厳を尊重する	ア 本人を人として尊重する	6	本人から、薬物依存について教えてもらう姿勢で臨む。
			10	保護観察所に来た本人を人として尊重する。
			24	「〇〇」付けで名前を呼ぶ。
		ウ 本人に対する理解を深める	4	本人を含めて、関係機関全員で、問題になっていることや回復にとって大切なことを申し合わせる。
			14	プログラムが始まる前や終わった後に本人と話す時間を大切にする。
			16	本人がなぜ薬物依存症になったのかを理解した上で接する。
			23	本人のことを知りたいという気持ちを持って接する。
			34	本人のことを正確に認識できるような言葉遣いで書類を作成する。
		ク 本人を一メンバーとして大切にする	2	プログラムで居心地良く過ごしてもらうために、労いや声掛けなど歓迎する姿勢を示す。
			15	プログラムにおいて、本人を仲間、メンバーとして気に掛ける。
			25	プログラムに来た時にニックネームで呼び合う。
	⑤ 本人の自己効力感を高める	33 本人が人の役に立ったことを当たり前と思わずに喜ぶ。	32	本人に、人のことを喜ばせることができるといった、自分にも何かできるという体験をしてもらう。
			35	本人のいいところを伝える。
	⑥ 本人の主体性を肯定する	サ 権威的に関わる	39	脅すような発言をする。
			40	監視したり干渉したりするような振る舞いをする。
			43	うまくできていないことを批判する。
			45	本人から質問された時に断定するような姿勢で答える。
			47	保護観察官の方が立場が上という姿勢で指導する。
		シ 気持ちを押し付ける	38	本人の周囲の人の期待を押し付ける。
			44	処遇者の思いを押し付ける。
		41 本人の尻拭いをする。		

表2　KJ法による分析結果（回復を信じる）

大カテゴリー（3段目表札）	中カテゴリー（2段目表札）	小カテゴリー（1段目表札）	元ラベル
回復を信じる	① 本人の回復を信じる	カ 本人の回復を信じる	7　プログラムに対する動機づけが弱くても、回復していくための取っ掛かりになればいいと考える。
			11　本人がいつかきっと回復すると信じる。
			19　回復したいという気持ちがあると信じて、それをサポートする。
			20　回復のために頑張っていることに敬意を持って接する。
			21　何とかなるだろうという楽観的な感覚で接する。
			13　プログラムに効果があることを信じる。
	② 正直な気持ちを大切にする	キ 正直に話せることを大切にする	5　プログラム中、グループの中で何でも正直に話せることを支持する。
			9　プログラムでは何でも話せる雰囲気を尊重する。
			12　薬物を使いたい気持ちをやめたい気持ちの両方があることを理解し、正直に話せることを保障する。
			1　プログラム中に、形どおりに進めるだけではなく、その時気になっていることや疑問に思っていることに共感する。
			26　再使用により質問調査をすることに共感する。
	③ 本人の薬物使用を疑う	コ 本人の薬物使用を疑う	36　薬物をまた使用するのではないかと疑う
			37　今、薬物を使っているのではないかと詮索する。

表3　KJ法による分析結果（処遇の資源を生かす）

大カテゴリー（3段目表札）	中カテゴリー（2段目表札）	小カテゴリー（1段目表札）	元ラベル
処遇の資源を生かす	⑦ 社会資源を有効活用する	エ 橋渡し先を増やす	8　地域で支援を受けられるように他機関に橋渡しする。
			17　他機関と交流する機会を多くつくる。
			22　プログラムを地域の関係機関に知ってもらい、開かれたものにする。
			23　保護司会等と力を合わせて地域の中に社会資源をつくる。
		オ 関係機関の利用を促す	27　プログラムや当事者スタッフと連絡先を交換することで、関係機関の利用を促す。
		18　本人にとって簡易薬物検出検査がプラスになるように本人に働き掛ける	
		29　保護観察所も一つの社会資源と考える	
	⑧ 処遇者のメンタルヘルスを大切にする		30　自分がしんどいときをやつらいときにユーモアを持って、前向きに考える。
			31　自分がしんどいときをやつらいときに、上司や部下、同僚に愚痴を言う。
	⑨ 11 担当者が個別に抱え込む		
	⑩ 42 家族に責任を押し付ける		

図について説明する．大カテゴリーは【　】，中カテゴリーは〔　〕，小カテゴリーは〈　〉で表記する．なお，文中の「プログラム」は薬物再乱用防止プログラムのことをいう．

　回復を促進する関わりのコアとなるのは，【本人主体の関わりをする】ことである．保護観察官として〈権威的に関わる〉〈気持ちを押し付ける〉〈本人の尻拭いをする〉など〔本人の主体性を否定する〕ことは本人を客体化するものであり，回復を阻害する関わりとなる．〔本人の自己効力感を高める〕関わりをしながら，〈本人を人として尊重する〉，プログラムでは〈本人を一メンバーとして大切にする〉ほか，〈本人に対する理解を深める〉ことや，〈本人が人の役に立ったことを当たり前と思わずに喜ぶ〉など共感的に関わることを通じて，〔本人の尊厳を尊重する〕ような関わりが求められる．

　本人が薬物依存から回復していくためには，本人の【回復を信じる】ことが大切である．〔本人の薬物使用を疑う〕ことなく，保護観察官が薬物事犯保護観察対象者〔本人の回復を信じる〕ことが回復を促進する基本的な姿勢となる．その際，保護観察所が実施する〈プログラムに効果があることを信じる〉こと

図　薬物事犯保護観察対象者の回復を促進／阻害する保護観察官の関わり

58

も，〔本人の回復を信じる〕ことといえる．

　また，回復を促進する関わりでは，〔正直な気持ちを大切にする〕ことが不可欠である．〈プログラム中に，形どおりに進めるだけではなく，その時気になっていることや疑問に思っていることを話す〉など本人たちが話しやすい雰囲気づくりをする工夫をしながら，〈正直に話せることを大切にする〉．ときには薬物を再使用することもあるかもしれないが，〈再使用により質問調査をする時に，やめられない気持ちに共感する〉など，再使用した後の働き掛けも回復を促進する関わりとして重要といえる．

　加えて，回復を促進する関わりをする上では，【処遇の資源を生かす】ことも欠かせない．〔担当者が個別に抱え込む〕ことや〔家族に責任を押し付ける〕ことは，健全な関わりとはいえない．本人が地域で支援を受けられるよう〈橋渡しを増やす〉ことをしながら，本人に〈関係機関の利用を促す〉関わりをしていくことが望ましい．

　ここでは，〈保護観察所も一つの社会資源と考えて，健全に機能するようにする〉という視点を持ち，〈本人にとって簡易薬物検出検査がプラスに働くように働き掛ける〉など保護観察処遇上のツールを十全に生かすことも〔社会資源を有効活用する〕ことと考えられる．同様に，保護観察官自身も本人にとっては回復のための資源といえるので，〔処遇者のメンタルヘルスを大切にする〕ことも重要なことといえる．

4　考察

(1)【本人主体の関わりをする】について

　保護観察処遇においては，保護観察の実施者と保護観察の対象者という関係にあるから，市川（2010）に照らすと，薬物依存者は客体的なものとみなされ，薬物事犯保護観察対象者についても，保護観察処遇においては客体的な存在となる．この点，市川（2014）は，回復は強制されるものではなく，主体的なものであると主張している．また，成瀬（2020）は，治療者の基本的態度として，薬物依存者を「尊厳あるひとりの人間」として向き合うことを挙げている．薬物事犯保護観察対象者の回復を考えたとき，本人は主体的な存在であるべきで

あり，そのために保護観察官は，薬物事犯保護観察対象者本人を大切にし，自己効力感を持たせるような，本人主体の関わりをすることが重要であるといえる．

(2)【回復を信じる】について

成瀬（2016）は，治療者の陰性感情や忌避感情が治療を失敗にすると述べている．保護観察官が薬物事犯保護観察対象者本人の薬物使用を疑うことなく，本人には回復していくことができる力があると信じることは，本人の回復を支援する上で必要な姿勢であると考えられる．また，松本（2016）は，正直さを担保する「安全な場所」の必要性を説いている．保護観察所においては，規制薬物を使用したことを申告することは，不良措置につながりかねないので，正直になるにも限界があるが，それでも，例えば，薬物を使いたい気持ちや弱音などを可能な限り開示できる雰囲気づくりや関係づくりに努めることが望まれる．

(3)【処遇の資源を生かす】について

赤木（2017）によれば，仮釈放になった後に薬物を再乱用し再び刑事施設に収容された人のうち，約4割の人にとって，「保護観察期間が終了したこと」が薬物再乱用のきっかけの一つとなっていた．このことは，保護観察対象者が薬物依存症の専門医療機関，精神保健福祉センター，民間依存症回復支援施設，自助グループといった地域の社会資源を利用することができるよう，保護観察期間終了後も見据えて，保護観察期間中から継続的な支援体制を構築することの重要性を示唆している（押切・山下 2016，赤木 2017）．薬物事犯保護観察対象者のうち，保健医療機関等による治療・支援を受けた人の数・割合は，2016年度から2020年度にかけて毎年増加・上昇していた（法務省 2021）．これは，保護観察官の〈関係機関の利用を促す〉関わりが奏功していると考えられ，更なる取組が期待される．

(4) 本研究で見出された「回復を促進する関わり」が回復を促進する根拠について

本研究は，薬物事犯者処遇の経験豊富な保護観察官に対して，「回復を促進

（阻害）する関わり」を尋ねたものである．分析の結果見出された「回復を促進する関わり」が，実際に薬物事犯者の回復を促進するのかを検証する必要があるが，どのような関わりが回復に資するかを，薬物事犯者を含む薬物関連問題当事者に調査していないため，片面的な調査にとどまっている．加えて，「薬物依存からの回復」を量的に測定することは容易なことではなく，例えば，医療分野における従事者のどのような態度が治療成績に影響するかや，司法分野における専門職のどのような態度が再犯に影響するかを検証することはできるとしても，「回復」はその定義からも「治療の成功」や「再犯防止」とはイコールではなく，ある態度や行動が「回復を促進する」ということを実証した先行研究も見当たらない．本研究には，これらの限界があるが，その上で，見出された「回復を促進する関わり」が回復を促進し得ることを，セラピストとクライエントとの関係という観点から検討していく．

　初めに，先行研究を見る．アルコール依存症の治療において，セラピストとクライエントとの治療同盟が，治療への参加と転帰に影響を与える要因であることが示唆されている（Connors et al. 1997）．また，カウンセリングにおけるラポールが高いほど，フォローアップ時の薬物使用や犯罪のアウトカムが良いことが確認されている（Joe et al. 2001）．さらに，良好な治療関係の治療の成功への寄与率は30％であると見積もられている（原田 2010; Asay and Lambert 1999）．これらの研究に見られるように，治療関係と肯定的な転帰との関連は一貫して報告されており（Sheedy and Whitter 2009），治療関係の質が治療の成功の重要な予測因子であること（Kras 2012）が示されている．次に，臨床的な知見では，以下のような指摘がある．保護観察官の正木（2006）は，処遇者が「回復を信じる姿勢を持つ」ことの重要性を説き，そのためには，回復の道を歩む人々の姿に触れることが必要であると述べている．依存症専門医の成瀬（2019）は，治療者が患者に陰性感情を持てば，共感できず信頼関係も築けず，陰性感情を克服するためには，依存症を理解し，回復を信じられることが必要であると述べている．臨床心理学や精神保健学を専門とする原田（2010）は，セラピストに要求されるのは，温かい共感的態度や，治療はクライエントとの協働作業であるとの認識であると指摘している．

　上記の先行研究や専門家の知見から，セラピストとクライエントとの良好な

関係が，治療や処遇の結果に影響することが示されている．このことは，すなわち「回復」に資するとまでは言い切れないものの，本研究で示された「回復を促進する関わり」は，いずれも保護観察官と薬物事犯保護観察対象者との関係を良好にするものであり，薬物事犯保護観察対象者の回復を促進する前提となっているといえる．そして，民間依存症回復支援施設 DARC が自立準備ホームとして登録されたりそのスタッフが薬物再乱用防止プログラムのスーパーバイザーとして参加したりするようになり，保護観察官が回復者の姿を見たり，薬物依存者との適切な関わりについてスーパービジョンを受けたりすることによって，その関わりは，独善的ではない，回復志向なものとなっていると考えられる．

（5）司法モデルによる関わりのジレンマについて

　フォーカス・グループ・インタビューに参加した保護観察官の中には，薬物使用を犯罪として取り締まる司法モデル（石塚 2007）による関わりにジレンマや葛藤を持つ参加者もいた．その発言要旨を抜粋すると，

　・「（薬物事犯保護観察対象者の回復を支援する上で，規制）薬物を再使用した時の対応が一番大事だが，保護観察官の立場から，まず病院やダルクに行くようにとは言えない．」

　・「（簡易薬物検出検査は）再使用しない努力を確認するためにやっていると言いながら，陽性が出たら通報すると言うのは，不正直．」

というものであった．Brekke et al.（2018）は，回復志向の実践に関して，完全断薬と物質使用の受容のバランスがジレンマとなっていることを指摘しており，これは，本研究参加者の意見と符合するものである．

　一方で，司法モデルだからこそできることがあるという意見もあった．それは例えば，

　・「保護観察所のプログラムは，嫌でも受けなければならない（中略）回復のための取っ掛かりになればよい．」

という捉え方をしたり，簡易薬物検出検査で陽性となり警察に行くことになったときに，

　・「また一緒にプログラムやろうよ．」

と励まし，

　・「自分でやめるのしんどいよな（中略）ダルクの人とか会ってみない？」

と共感し，長い目で回復を考え，社会資源の利用を勧めたりするものであった．失敗したときを介入のチャンスと捉え，司法領域において最大限できる働き掛けをしていることが認められ，これらはまさに回復志向の態度であるといえる．

（6）エビデンスに基づく介入について

　Heaps et al.（2009）は，「薬物乱用犯罪者のための回復志向のケアシステムとは，クライエントが司法制度を通じて進行するあらゆる段階において，エビデンスに基づく介入を用い，治療の継続性を提供するものである」と述べている．また，原田（2019）は，「一向に改善されない薬物事犯の再犯者率を抑制するためには，これまでの刑罰一辺倒の薬物政策を大胆に転換する必要があるだろう．そのためには，刑罰だけではない多様な選択肢について，エビデンスがあるのか否かという観点から検討してみることが大切である」と述べている．更生保護においては，薬物再乱用防止プログラムが再犯率を低減させることが示され（法務省保護局 2022），簡易尿検査（現簡易薬物検出検査）についても，仮釈放の取消率が下がり，保護観察終了時の成績が向上するという効果が示されている（法務省保護局観察課 2006）．本研究においては，これらの制度をより実効性あるものにするための保護観察官の関わりが示され，薬物依存からの回復を志向する関わりに関する研究の蓄積に貢献したといえる．

（7）実践への示唆

　本研究は，保護観察官における薬物事犯保護観察対象者の薬物依存からの回復を促進又は阻害する関わりを明らかにしたものである．中には，更生保護の文脈に特有のもの（例：特別遵守事項によって受講を義務付けられた薬物再乱用防止プログラム，陽性反応が出た場合に警察に通報することが想定されている簡易薬物検出検査，仮釈放や執行猶予の取消しを検討するための質問調査等）もあるが，多くが，薬物問題のある当事者と関わる対人援助職に汎用できるものであると考えられる．本研究の結果がスーパービジョンや研修で活用されることが期待される．

(8) 本研究の限界・課題と今後の展望

　本研究の限界と課題を3点挙げる．第一に，本研究においては，薬物事犯者処遇の経験が豊富なベテラン保護観察官に研究への参加を求めたが，その意見は，全国の保護観察官を代表するものではない．対極的な意見があることも念頭に置き，一般化は慎重に行う必要がある．第二に，本研究ではフォーカス・グループ・インタビューを採用したが，研究参加者が薬物事犯者処遇に関して確固たる意見を持っているベテランの保護観察官であるとはいえ，他の参加者に遠慮し，自由な発言が抑制された可能性もある．第三に，「保護観察所の関わりが回復につながるかどうかが懐疑的である」という主旨の発言が複数あったことである．これは，二通りの解釈ができる．一つは，字義どおり，司法機関の保護観察所（保護観察官）が薬物事犯者に関わることが，その回復を促進するのか，ややもすると阻害してしまうのではないかという懸念を表すものである．もう一つは，一人の薬物事犯保護観察対象者と関わることができる期間は2，3年程度であり，回復していく過程を見届けるには十分な期間とはいえないので，自身の関わりが回復を促進するのか分かりかねるというものである．以上を踏まえると，質問項目を，「薬物事犯保護観察対象者の回復を支援する関わり」とした方が，より妥当な意見が出されたかもしれない．

　今後は，本研究におけるKJ法の分析結果をもとに，「薬物事犯保護観察対象者に対する保護観察官の回復志向性を測定する尺度」を作成し，その因子構造，信頼性，妥当性を検討する予定である．また，その尺度の測定結果をアウトカムとして用い，薬物事犯保護観察対象者に対する保護観察官の回復志向性に影響する種々の要因を量的に検討することを予定している．

5　おわりに

　本研究は，保護観察官が薬物事犯保護観察対象者の薬物依存からの回復を支援する上で，どのような関わりが回復を促進し，又は回復を阻害するのかを明らかにし，整理することを目的に，ベテラン保護観察官9名に対しフォーカス・グループ・インタビューを行い，KJ法により分析したものである．その結果，保護観察官は，司法モデルによる関わりに葛藤やジレンマを抱えながら

も，【本人主体の関わりをする】【回復を信じる】【処遇の資源を生かす】こと
を大切にしていることが明らかになった．

［謝辞］
　フォーカス・グループ・インタビューは，その参加者全員の都合を付けないと実施する
ことができません．御多忙の中，都合を付けて協力してくださった研究参加者の皆様に感
謝申し上げます．また，KJ 法の分析に際して協力してくださった保護観察官に感謝いた
します．

［引用文献］

赤木寛隆（2017）「仮釈放後に再び薬物を乱用した覚せい剤事犯者の薬物依存重症度，
　　薬物再乱用に関する意識等について」『更生保護学研究』11, 73-92

安西信雄（2009）「世の中で普通に暮らすのを助ける：精神障害者リハビリテーション
　　の新しい理論と実践」『精神障害とリハビリテーション』13（1），94-99

Anthony, W.A.（1993）Recovery from mental illness: The guiding vision of the mental
　　health service system in the 1990s. *Psychosocial Rehabilitation Journal, 16（4）*, 11-23
　　（ウィリアム・A・アンソニー．濱田龍之介（翻訳・解説）（1998）「精神疾患からの回復：
　　1990 年代の精神保健サービスを導く視点」『精神障害とリハビリテーション』2（2），
　　65-74）

Asay, T.P., and Lambert, M.J.（1999）The empirical case for the common factors
　　in therapy: Quantitative findings. In Hubble, M.A., Duncan, B.L., and Miller, S.D.
　　（Eds.），*The heart and soul of change: What works in therapy, American Psychological
　　Association*, pp.23-55

Beck, L.C., Trombetta, W.L. and Share, S.（1986）Using Focus Group Sessions Before
　　Decisions Made, *North Carolina Medical Journal, 47（2）*, 73-74

Belenko, S., Johnson, I.D., Taxman, F.S. and Rieckman, T.（2018）Probation Staff
　　Attitudes Toward Substance Abuse Treatment and Evidence-Based Practices,
　　International Journal of Offender Therapy and Comparative Criminology, 62（2）, 313-
　　333

Best, D., Beckwith, M., Haslam, C., Haslam, S.A., Jetten, J., Mawson, E., and Lubman,
　　D.I.（2015）Overcoming alcohol and other drug addiction as a process of social
　　identity transition: the social identity model of recovery（SIMOR），*Addiction
　　Research and Theory, 24（2）*, 111-123

Borkin, J.R., Steffen, J.J., Ensfield, L.B., Krzton, K., Wishnick, H., Wilder, K., and

Yangarber, N（2000）Recovery attitudes questionnaire: Development and evaluation, *Psychiatric Rehabilitation Journal, 24*（2）, 95-102

Brekke, E., Lien, L., Nysveen, K. and Biong, S.（2018）Dilemmas in recovery-oriented practice to support people with co-occurring mental health and substance use disorders: a qualitative study of staff experiences in Norway, *International Journal of Mental Health Systems, 12*（30）, 1-9

Connors, G.J., Carroll, K.M., DiClemente, C.C., and Longabaugh, R.（1997）The therapeutic alliance and its relationship to alcoholism treatment participation and outcome, *Journal of Consulting and Clinical Psychology, 65*（4）, 588-598

Davidson, L., and White, W.（2007）The concept of recovery as an organizing principle for integrating mental health and addiction services, *Journal of Behavioral Health Services & Research, 34*（2）, 109-120

Deegan, P.E.（1988）Recovery: The lived experience of rehabilitation. *Psychosocial Rehabilitation Journal, 11*（4）, 11-19

Dodge, K., Krantz, B., and Kenny, P.J.（2010）How can we begin to measure recovery? Substance Abuse Treatment, *Prevention, and Policy, 5,* 1-7

el-Guebaly, N.（2012）The meaning of recovery from addiction: Evolution and promises, *Journal of Addiction Medicine, 6*（1）, 1-9

Folch-Lyon, F. and Trost, J.F.（1981）Conducting Focus Group Sessions, *Studies in Family Planning, 12*（12）, 443-449

犯罪対策閣僚会議（2012）「再犯防止に向けた総合対策」https://www.moj.go.jp/content/001324433.pdf（2023 年 9 月 3 日アクセス）

原田隆之（2010）「刑事施設におけるエビデンスに基づいた薬物依存治療」『犯罪心理学研究』48（1）, 51-64

原田隆之（2019）「エビデンスに基づく薬物政策」『罪と罰』56（4）, 51-62

狭間香代子（2000）「自己決定とストレングス視点」『社会福祉学』40（2）, 39-56

Hazama, K. and Katsuta, S.（2020）Factors Associated with Drug-Related Recidivism Among Paroled Amphetamine-Type Stimulant Users in Japan, *Asian Journal of Criminology, 15,* 109-122

Heaps, M.M., Lurigio, A.J., Rodriguez, M.A., Lyons, T. and Brookes, L.（2009）Recovery-Oriented Care for Drug-Abusing Offenders, *Addiction Science & Clinical Practice, 5*（1）, 31-36

法務省（2021）『令和 3 年版再犯防止推進白書』日経印刷

法務省保護局観察課（2006）「簡易尿検査を活用した保護観察処遇の実施状況について」『更生保護』57（8）, 12-17

法務省保護局（2022）「保護観察所における薬物再乱用防止プログラムの効果検証調査報告書」https://www.moj.go.jp/content/001382497.pdf（2023 年 9 月 3 日アクセス）

法務省保護局・法務省矯正局・厚生労働省社会・援護局障害保健福祉部（2015）「薬物依存のある刑務所出所者等の支援に関する地域連携ガイドライン」https://www.moj.go.jp/content/001164749.pdf（2023 年 9 月 3 日アクセス）

法務省法務総合研究所（2023）『令和 4 年版犯罪白書』日経印刷

市川岳仁（2010）「薬物依存からの回復における当事者性の意義と課題 – NPO としてのダルクの活動を素材に –」『龍谷大学大学院法学研究』12, 29-50

市川岳仁（2014）「薬物依存からの回復は『患者』としてか,『障がい者』か, それとも…」『龍谷大学矯正・保護総合センター研究年報』4, 95-104

市川岳仁（2019）「アディクトの人生に寄り添う – 治療でもなく更生でもなく –」『犯罪社会学研究』44, 63-79

Inanlou, M.,Bahmani, B., Farhoudian, A. and Rafiee, F.（2020）Addiction Recovery: A Systematized Review, *Iran J Psychiatry, 15*（2）, 172-181

石塚伸一（2001）「Ⅱ. 分担研究報告　3. 法律よりみた薬物依存・中毒者の処遇に関する法律モデル」『厚生科学研究費補助金　医薬安全総合研究事業　薬物依存・中毒者の予防, 医療およびアフターケアのモデル化に関する研究　13 年度研究報告書』

石塚伸一（2007）「薬物依存症者の社会内処遇 – 保護観察の医療化と福祉化」刑事立法研究会『更生保護制度改革のゆくえ – 犯罪をした人の社会復帰のために』現代人文社, 212-233

Joe, G.W., Simpson, D.D., Dansereau, D.F., and Rowan-Szal, G.A.（2001）Relationships between counseling rapport and drug abuse treatment outcomes, *Psychiatric Services, 52*（9）, 1223-1229

勝田聡（2021）「事件のプロセスと強みを考える」『罪と罰』58（3）, 119-121

川喜田二郎（2017）『発想法 改版』中公新書

小沼杏坪（2004）「薬物乱用者・依存者に対する治療的対応 – 特に尿中薬物検査をめぐって –」『罪と罰』41（3）, 6-19

Kras, K.R.（2012）Offender perceptions of mandarted substance abuse treatment: An exploratory analysis of offender experiences in a community-based treatment program, *Journal of Drug Issues, 43*（2）, 124-143

Kvia, A., Dahl, C., Gronnested, T. and Frahm Jensen, M.J.（2021）Easier to Say 'Recovery' than to Do Recovery: Employees' Experiences of Implementing a Recovery-Oriented Practice, *International Journal of Mental Health and Addiction, 19,* 1919-1930

丸山泰弘（2018）「刑事司法における薬物依存治療プログラムの意義～回復する権利と

義務～」『刑法雑誌』57（2），229-247

Laudet, A.B.（2007）What does recovery mean to you? Lessons from the recovery experience for research and practice, *Journal of Substance Abuse and Treatment, 33*（3），243-256

Laudet, A.B., and Humphreys, K.（2013）Promoting recovery in an evolving policy context: What do we know and what do we need to know about recovery support services?, *Journal of Substance Abuse Treatment, 45*, 126-133

正木恵子（2006）「薬物依存――回復と成長を支えるための援助」『現代のエスプリ』462, 54-64

松本俊彦（2016）『よく分かる SMARPP ――あなたにもできる薬物依存者支援』金剛出版

中嶌洋（2015）『初学者のための質的研究 26 の教え』医学書院

南山浩二（2015）「地域精神保健福祉活動に従事する精神科医師の語り－リカバリー志向の実践と訪問型支援に焦点をあてて－」『社会イノベーション研究』10（2），143-188

南山浩二（2021）「病いの経験とリカバリーの物語－「リカバリー」の意味に焦点をあてて－」『社会イノベーション研究』16（1, 2），9-19

成瀬暢也（2016）『薬物依存症の回復支援ハンドブック――援助者，家族，当事者への手引き』金剛出版

成瀬暢也（2019）『ハームリダクションアプローチ　やめさせようとしない依存症治療の実践』中外医学社

成瀬暢也（2020）「物質使用障害とどう向き合ったらよいのか――治療総論」松本俊彦『物質使用障害の治療――多様なニーズに応える治療・回復支援』金剛出版, 15-36

野中猛（2010）「リハビリテーション関係論への招待」『精神療法』36（6），796-804

野中猛（2011）「リカバリー論からみた統合失調症の予後」『精神医学』53（2），169-175

押切久遠・山下麻実（2016）「更生保護における薬物事犯者施策について」『犯罪と非行』181, 166-186

Rapp, C.A. and Goscha, R.J.（2011）*The Strength Model A Recovery-Oriented Approach to Mental Health Services Third Edition,* Oxford University Press（=2014, 田中英樹監訳『ストレングスモデル　リカバリー志向の精神保健福祉サービス［第 3 版］』金剛出版）

Sheedy, C.K. and Whitter, M.（2009）Guiding Principles and Elements of Recovery-Oriented Systems of Care: What Do We Know From The Research?, *Journal of Drug Addiction, Education and Eradication,9*（4），225-286

Shepherd, G.（小川一夫・長谷川憲一・伊勢田堯〔訳〕）（2010）「"リカバリー"の概念：精神保健サービスの構築と提供の意義」『臨床精神医学』39（2），165-179

嶋根卓也 (2007)「薬物対策とエビデンス・ベイスト・ポリシー（科学的根拠に基づく政策）」石塚伸一『日本版ドラッグ・コート－処罰から治療へ』日本評論社, 215-235

嶋根卓也・高橋哲・竹下賀子・小林美智子・髙岸百合子・大宮宗一郎・近藤あゆみ・髙野洋一・山木麻由子・松本俊彦（2019）「覚せい剤事犯者における薬物依存の重症度と再犯との関連性：刑事施設への入所回数からみた再犯」『日本アルコール・薬物医学会雑誌』54 (5), 211-221

Substance Abuse and Mental Health Services Administration. (2010) Recovery-Oriented Systems of Care (ROSC) Resource guide.   https://www.samhsa.gov/sites/default/files/rosc_resource_guide_book.pdf（2023 年 9 月 3 日アクセス）

Substance Abuse and Mental Health Services Administration. (2012) SANHSA's working definition of recovery.   https://store.samhsa.gov/sites/default/files/d7/priv/pep12-recdef.pdf（2023 年 9 月 3 日アクセス）

田中英樹（2010）「リカバリー概念の歴史」『精神科臨床サービス』10 (4), 428-433

寺戸亮二（2011）「保護観察対象者のストレングスに着目した処遇理論」日本犯罪社会学会編『犯罪者の立ち直りと犯罪者処遇のパラダイムシフト』現代人文社, 78-101

The Betty Ford Institute Consensus Panel. (2007) What is recovery? A working definition from the Betty Ford Institute, *Journal of Substance Abuse Treatment, 33,* 221-228

津富宏（2009）「犯罪者処遇のパラダイムシフト－長所基盤モデルに向けて－」『犯罪社会学研究』34, 47-57

津富宏（2011）「犯罪者処遇のパラダイムシフト－長所基盤モデルに向けて」日本犯罪社会学会編『犯罪者の立ち直りと犯罪者処遇のパラダイムシフト』現代人文社, 62-77

Uwe, F.(2002)*Introduction to Qualitative Research,* SAGE.(=2011, 小田博志監訳・小田博志・山本則子・春日常・宮地尚子訳『新版　質的研究入門 〈人間の科学のための方法論〉』春秋社)

Van Boekel, L.C., Brouwers, E.P.M., Van Weeghel, J. and Garretsen, H.F.L. (2013) Stigma among health professionals towards patients with substance use disorders and its consequences for healthcare delivery: Systematic review", *Drug and Alcohol Dependence, 131,* 23-35

Vaughn, S., Schumm, J.S. and Sinagub, J.M. (1996) *Focus Group Interviews in Education and Psychology.* London and New Delhi: Sage Publications, (=1999, 井下理監訳・田部井潤・柴原宣幸訳『グループ・インタビューの技法』慶應義塾大学出版会)

Williams, C.C., Almeida, M. and Knyahnytska, Y. (2015) Toward a biopsychosociopolitical frame for recovery in the context of mental illness, *British Journal of Social Work, 45,*

9-26

山本麻奈（2020）「再犯防止に資する犯罪者処遇理論の潮流」『研修』870, 37-46

薬物乱用対策推進本部（2008）「第三次薬物乱用防止五か年戦略」https://www.mhlw.
go.jp/file/06-Seisakujouhou-11120000-Iyakushokuhinkyoku/3_5strategy.pdf（2023 年
9 月 3 日アクセス）

生活支援を基盤とした認知行動療法による
関係性構築支援に関する質的研究

——反社会的行為のあった知的障害者等と支援者の
相互関係の変化に着目した取り組みから

A Qualitative Study of a CBT-based, Daily-living-focused Interpersonal Skill Program: An Analysis of the Program Focusing on Changes in the Mutual Relationship Between People with Intellectual Disabilities who Have Exhibited Anti-Social Behavior and Their Support Staff

山﨑康一郎*　　我藤 諭**　水藤昌彦***　佐々木 茜****

1　はじめに

　犯罪・非行行為と社会的孤立の間には相関関係があるといわれる．刑事司法制度と接触する者のうち社会的に孤立した状態にあるとみなされる経験をしている者の割合は一般人口のそれよりも高い（Social Exclusion Unit 2002）．特に知的障害のある犯罪者をみると，福祉サービスにつながらず，家族との関係が希薄で，教育や就労といった社会との接点がほとんどない者が多い（法務省法務総合研究所 2014）．また，反社会的行為のあった知的障害者は，虐待やいじめの被害があり，良好な人間関係が持てず，主観的幸福度が低いという対人関係に困難を抱えていることが多い（Steptoe et al. 2006, Wheeler et al. 2013, 山﨑・酒井 2019）．つまり，犯罪・非行をはじめ反社会的行為に至った知的障害者は，その周囲にはほとんど支援的な人間関係が構築されておらず，対人関係に困難を抱えている可能性が高い．

　反社会的行為に至った知的障害者は，その対人関係の困難さから，人間関係

*日本福祉大学社会福祉学部准教授　**龍谷大学矯正・保護総合センター嘱託研究員
***山口県立大学社会福祉学部教授　****独立重度知的障害者総合施設のぞみの園研究係

を築けずに向社会的な影響を受けられない，地域社会にも溶け込めないなど生活の質（以下，QOL と表記）が低下してしまうと，再加害行為に至る可能性が高まる（Lindsay 2005）．一般的な知的障害者においても，対人関係の困難さが QOL に影響を及ぼすことが指摘されており，好きなことを表現したり，会話をしたり，新しい対人関係を構築したりするコミュニケーションに困難を抱える者は，そうではない者と比べると，QOL が低くなっている（Garcia 2020）．したがって，反社会的行為に至った知的障害者が再加害に至らないように，対人関係の困難さを低減し，その QOL を向上するために，適応的な対人関係を構築できるようなアプローチをしなければならない．

　そのためには，認知行動療法（CBT）を基盤とした心理プログラムの提供と日常生活における支援者との潤滑なコミュニケーションが重要となる．CBTを基盤とした心理プログラムは，それを受ける対象者（以下，対象者と表記）がその内容を理解しやすいように表現や構造が簡易化されたものが有効である（O'Callaghan 1998, Haaven 2006）．ただ，適応的な対人関係を構築するという文脈では，対象者のコミュニケーション能力だけに焦点が当たることが多い．しかし，コミュニケーションが相互に影響を与え合う双方向のものであることを考慮すると，対象者側だけではなく支援者にも焦点を当てる必要がある．一般的な知的障害者の中でもコミュニケーションに困難を抱えている者の多くは専門家や支援者から理解されていないと感じている（Smith et al 2020）ことからも，効果的な支援を展開するために支援者側のコミュニケーション能力や支援方法は重要な要素となる．さらに，対象者と支援者の相互の影響にも焦点を当てなければならない．心理プログラムで提供された適応的な対人関係を構築するスキルや概念は理解しやすいだけではなく，対象者と支援者の間で共有されていなければ，潤滑なコミュニケーションを図ることができない．例えば，Good Way モデル（GWM：Ayland & West 2006）では，家族や支援者も実際にプログラムに参加して対象者が抱える課題とそれに対するアプローチを共有している．そうすることで，対象者の適応的な関係性構築の支援を継続し，再加害行為に至らないように支援している．よって，CBT を基盤した心理プログラムを活用した適応的な関係性構築の支援を行う上で，対象者と支援者のコミュニケーションの双方向性に着目することが必要なのだ．

そこで，本研究では，障害者福祉サービスにおいて，反社会的行為があった知的障害者等が参加する適応的な対人関係構築を目的としたCBTに基づく心理プログラム（以下，プログラムと表記）を実施した支援者を対象として，プログラムが支援者と対象者の関係性や支援方法に与える影響や，対人関係構築の支援としてどのように機能するかを明らかにする．また，プログラムを取り入れることによる効果について探索的に明らかにし，今後の支援実践に活用できる知見を得ることを目的とする．

2 方法

(1) 調査方法および調査内容

調査方法は，知的障害・発達障害を主な対象とした入所施設で生活支援を行いながらプログラムを実施した施設職員（以下，職員と表記）への個別の半構造化インタビュー調査である．

調査内容は，プログラムに関わった感想，プログラムを受けた支援対象者（以下，利用者と表記）やその生活場面の変化の見立て，職員自身の変化，施設全体の支援方法の変化，支援上の課題である．

(2) プログラムの概要

プログラム作成にあたっては，著者のうち1人がコンサルタントとしてプログラムの枠組みを提供し，職員がコンサルテーションを受けて，利用者の理解や認知，コミュニケーションスキルの特性や支援状況に合わせて，詳細な内容と方法を考案した．オリエンテーション（1回），SST（5回），バウンダリーの学習（3回），感情の学習（2回），非機能的認知の修正（2回），まとめ（1回）の14回で実施された．プログラムは，2名の職員が進行を担い，サポートとして複数名の職員が利用者とともに半円形に座り，利用者のフォローをしつつ，利用者と同じように参加するという形態であった．

プログラムの概要は，性加害行為における支配や一方的に欲求を強要する関係のように，反社会的行為となる不適切な関係性の修正，および，虐待やいじめの被害によって生じる対人関係の困難へのケアという加害，被害両面のニー

ズを考慮し，適応的な対人関係の構築に焦点を当てたものである．CBT を基盤に，性加害行為に対する介入プログラム（Kahn 2001，Hansen & Kahn 2006，Kahn 2007，Hunter 2011，Yates & Prescott 2011）や，社会生活スキルトレーニング（SST：福永他 2011，佐藤 2011），アンガーコントロールトレーニング（Williams & Barlow 1998，渡辺 2011），バウンダリー（Hartmann 1991，Katherine 1991，Cloud & Townsend 1998，1999，Richmond & Padgett 2002，田上 2008），認知療法（竹田 2012），GWM（Ayland & West 2006）をもとに，知的障害や発達障害に加え，被害体験や反社会的行為がある対象者の特性に応じて，SST，バウンダリーの学習，感情の学習，非機能的認知の修正で構成される．SST はステップ・バイ・ステップ方式であり，希望志向アプローチやストレングスモデル，よいところを見つけて褒めるという肯定的な対応は，プログラム全体で共通である．バウンダリーを「バリア」と表現して，分離と保護の機能を示したり，非機能的認知をモンスターとして具体化，外在化する等，身近で具体的な状況を題材とし，分かりやすく，生活場面での般化が容易となるように工夫されている．

（3）調査協力者，実施プログラム，利用者の概要

　調査協力者の職員は，女性 2 名，男性 4 名，年齢は 20 ～ 50 代，反社会的行為がある知的障害・発達障害者の支援経験年数は 3 年未満が 3 人，3 年以上が 3 人であった．インタビュー時間は 76 ～ 93 分（平均 84 分）であった．

　プログラムに参加した利用者数はのべ 10 人で，年度途中での入退所があるため，年間を通じて参加したのは 3 人であった．利用者の年齢は 10 ～ 40 歳代，知能指数はウェクスラー式知能検査で 40 ～ 110 台，知的障害の他，知的障害のない発達障害（自閉スペクトラム症，注意欠如多動症）も含まれていた．利用者の犯罪行為の内容は，窃盗，強制わいせつ，傷害，器物損壊等だった．1 回のプログラム参加利用者数は 5 ～ 7 人であった．

（4）分析方法

　本研究では，インタビューデータを修正版グラウンデッド・セオリー・アプローチ（M-GTA: 木下 2020）を用いて分析した．日々の生活は利用者と職員の相互関係の中で構築されるもので，利用者，職員，支援方法が相互に影響を与

え合う．こうした相互作用がある中では，プログラムによって，利用者の抱える対人関係の困難に焦点をあてた積極的な介入を行うことで，利用者，職員，支援方法がそれぞれ影響を受け，さらに相互に影響を与え合う．そのため，相互作用の中でプログラムが関係性に変化をもたらしていくプロセスを示し，支援実践に活用できる知見を得るには，M-GTA が本分析に適していると判断した．分析テーマを「生活支援を行う支援者が，心理プログラムを用いることで，利用者の対人関係の困難に介入し，関係性に変化をもたらしていくプロセス」とし，分析焦点者を「対人関係に困難を抱えた知的障害，発達障害者への支援のために心理プログラムを用いた生活支援を担う支援者」とした．分析では，逐語録からオープン・コーディングによって概念を生成し，類似例や対極例を確認して見直した．さらに，概念を継続的に比較，検討し，分析結果からまとまりのある理論を導き出した．なお，新たな概念が生成されず，また，分析結果図，ストーリーラインで全体像の説明ができ，そこに変更が生じないことをもって，理論的飽和化を判断した．

（5）倫理的配慮

　本研究は，日本福祉大学「人を対象とする研究」に関する倫理審査委員会の承認を得てから本研究実施した（2021 年 6 月 25 日承認 21-001-02）．著者のうち1 名は，コンサルタントとして有償で本プログラムの作成に関わった．ただし，当該施設から本研究実施のための資金提供は受けていない．

3　結果・考察

　M-GTA による分析の結果，22 概念，8 カテゴリーが生成され（表 1），分析結果図は図 1 のようになった．まず，職員が，プログラムを用いることで，複雑で多様なニーズを抱えた利用者の対人関係の困難に焦点をあてて積極的に関与し，関係性に変化をもたらしていくプロセスの全体像を概観する．そして，構造化と「ことば」の獲得という重要な要因と関係性の変化について提示していく．文中ではカテゴリーを〈 　〉，概念名を【 　】，具体例は｜ 　」内に示し，「 　」内の（ 　）は表現の補足である．

表1　概念・カテゴリー一覧

番号	カテゴリー	概念名	定義
1	切り出された肯定的場面	「一緒に楽しめた」のために	楽しく一緒にできる成功体験をしてほしいという支援者の思いを実現するためにプログラムを実施する
2		あそべるゆとり	プログラムを面白いものにするための、職員のあそびごころが活かせるゆとり
3		雰囲気が基本だと再認識する	楽しく、肯定的な関わりが保障される、プログラム実施の雰囲気そのものが、プログラムのみならず生活支援の大切な基本だと改めて認識する
4	外枠を付けたからこそもたらされる良さ	「これ」というものを残す	利用者の頑張った成果を、「これ」という明確なものとして着目し取り出せるようにし、利用者の記憶に残し、次の生活でも活用してもらいたい
5		平時にやっておける	一定の枠が設定されるために、トラブルになる前に関係性の構築や修正の対応ができる
6		はっきりと言える自信	支援方法として具体的なまとまりがあることで、この支援ができると表明でき、支援者としての自信になる
7	利用者の体験する世界をもっとみようとする	作られた中で気づきが広がる	設定された支援によって、利用者の特徴に気づき、意識して見立てることができるようになる
8		理解できて関心が増す	より意識して利用者をみて考え、理解できるようになると、その分さらに利用者への関心が高まる
9	分かる・考える・使える「ことば」を共有する	漠然とした否定になってしまう	分かるように伝えられないために、利用者に否定的に捉えられるような、漠然とした伝え方になってしまう
10		共通言語を手に入れた	概念を具体的に分かりやすく伝えるために工夫した表現が、利用者職員相互に共通の認識をもって分かり合える言葉になる
11		それぞれに合わせて伝えたい	利用者一人ひとりの目標や理解度に合わせて、プログラムの内容をうまく伝えて役立つものにしたい
12		概念を生活用語で使う	利用者職員相互に分かり合えた概念を表す言葉を生活支援に活用する
13	一緒にやったことをすぐ使う	意識して率先する	プログラム内容を、職員が率先して、生活の中で意識的に使ってみせる
14		直後は、みるからに意識が感じられる	プログラム直後は、利用者が生活の中で意識して学んだことを使っていると、はっきりと感じられる
15	楽しいイメージで続けてくれる	得意になって使っている	利用者が、プログラムの中で、楽しく褒められて学習したことを、生活の中でもできるといわんばかりに実践している
16		アンバランスな変化に戸惑う	変化しやすいところと時間がかかるところでアンバランスが生じ、それに利用者、職員とも戸惑いを感じる
17		楽しく印象づいていると実感する	楽しく褒められた体験の中で、プログラムが面白いものとして利用者の印象に残っていると実感する
18	根深いところの変化に出会える	分かってやろうとしてくれている	プログラムによって、利用者が自身の他者との関わり方の課題に気づき、生活の中でそれを修正し、活かそうとしている姿を感じる
19		根本の変化に接する	利用者が根底に抱えている対人関係の困難が180度変わるような大きな変化を目の当たりにする
20		付加的な要素に過ぎない	プログラムは、変化を生じさせるものであったが、生活や行動が大きく変わったとは感じない
21	型通りのかかわりへの違和感	不自然なまでの構造化	何気ない雑多な人間関係がある本来の日常生活とは馴染まないほど、プログラムによって人間関係が型通りになる
22		バランスをとる	プログラムによる構造化された関わりと、そうではない日々の生活での関わりの間でうまくバランスをとれたらいいと思う

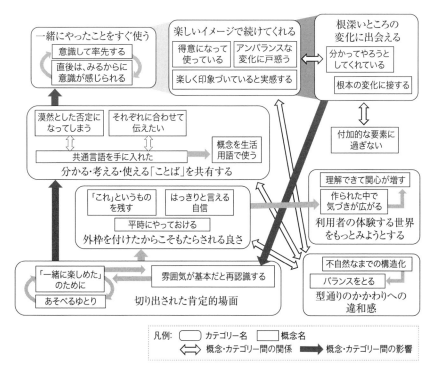

図1　心理プログラムを用いて関係性に変化をもたらすプロセス

（1）プログラムを用いて関係性に変化をもたらしていくプロセスの全体像

　プログラム実施において，利用者の言動を肯定的に受け止め，褒め，ともに楽しく学ぶための，日常生活の様々な局面から特別に〈切り出された肯定的場面〉を設定することが，職員の基本的な姿勢であり，関係性の困難へ関与し変化をもたらす土台となる．この〈切り出された肯定的場面〉の中で，抽象的な内容を，利用者へ面白く，分かりやすく伝えようと工夫することで，理解するだけでなく，それについて考え，生活の中で活かすことができる〈分かる・考える・使える「ことば」を共有する〉．そして，利用者と職員は，プログラムでともに学び，内容を共通理解できることによって，生活の中ですぐに取り入れてお互いに意識して実践する〈一緒にやったことをすぐ使う〉状況になる．

これは，時間経過とともに積極的には行われなくはなるが，プログラムの内容の一部は楽しかったものとして印象に残り，学んだことを〈楽しいイメージで続けてくれる〉．さらに，楽しいことだけではなく，利用者が自分自身の課題と感じたことを変えようとしていたり，プログラムでの関わりによって，対人関係の自信を獲得するといった，根本的なところが変わる〈根深いところの変化に出会える〉．こうした利用者の変化を通して，〈切り出された肯定的場面〉で，利用者を肯定的に受け止め，共に楽しめる雰囲気が何より大切だと職員は再認識する．

　また，プログラムとして特定の場面を切り出すことで，何気ない生活の中に構造化された場面が設定され，利用者，職員，生活支援それぞれへの〈外枠を付けたからこそもたらされる良さ〉を体験する．さらに，職員は，利用者のバウンダリーや認知について明確に意識できるようになり，理解が深まって，関心が増し，〈利用者の体験する世界をもっとみようとする〉までになる．

　しかし，〈根深いところの変化に出会える〉ものの，日々の生活が劇的に良くなり，再犯のリスクがなくなるというほどの影響をもつものではなく，【付加的な要素に過ぎない】とも認識される．また，〈外枠を付けるからこそもたらされる良さ〉があり，具体的で分かりやすく提示したことで〈分かる・考える・使える「ことば」を共有する〉ことができ，〈楽しいイメージで続けてくれる〉といった利用者への効果を感じる一方で，構造化された中で具体的に習得した適切なコミュニケーションを，生活の中でそのまま使うようになると，定型的な方法でのコミュニケーションになってしまい，何気ない日々のやり取りとのずれに，〈型通りのかかわりへの違和感〉も持つ．

（2）プログラムという設えがもたらす良さ

　プログラムという生活場面から〈切り出された肯定的場面〉では，被害体験や反社会的行為といった多様で複雑なニーズを抱えた利用者への支援として，ともに楽しみながら対人関係における成功体験をしてほしいという思いが基盤にあり，【「一緒に楽しめた」のために】プログラムを用いてそのような体験をする機会を実現しようと意図する．例えば，「プログラム自体は，やはり，すごく楽しく参加してほしいなというのがあって．なんかすごく内容を理

解して欲しいとかよりも，なんかまずはそこの，もともとやはりその集団で何かをするとかということがすごく苦手な方たちが集まっている中で，もう1時間半から2時間もあの場で集まってこう前でしゃべっているリーダー（進行役の職員）の話を聞いて，順番を守って意見を言うみたいなことができていることってすごいことだと思うんですよね．だからなんかその体験を積んで欲しくて．で，あの場って絶対褒められることしかない場所だから．なんかそこで何だろう．その，うーん，成功体験というか，をすごく積んで，そういうことできるというのを，感覚的に知ってほしい」というものである．そうした方針は，職員間の協力のもと，「リーダー側もちょっと凝ったものにできるとか．多少ちょっと，やる側もちょっとも楽しめる」という，職員の【あそべるゆとり】によって具現化される．そして，プログラムが職員，利用者，支援方法や関係性それぞれに影響を与え，利用者が対人関係に自信を持つといった〈根深いところの変化に出会える〉体験を通じて，「認知行動療法がすごく大切な内容だったと思うんですけど，まあ，そうじゃなかったとしても，どう伝えていくのかと，あとあの，エンターテイメント性というかウォーミングアップとかいうゲームの大切さっていうのを感じましたね．……で，職員のデモンストレーションの劇とかがすごくウケが良いっていうのも分かったし．あ，そういう手段がいいんだなっていうのは分かりましたね」と，楽しく，肯定的な雰囲気の中で褒めることを基本としたプログラムのもつ【雰囲気が基本だと再認識する】に至る．この楽しく肯定的な雰囲気は，プログラムという切り出された場面で意図的に，集中的に創出され，さらに，「肯定的な言葉掛けみたいなのは，まあ前々からあったんですけども．それは意識が，うん．前々からあったのかな．でも，それが基本的なスタンスなんだっていうのはね，あのプログラムではっきり分かるような感じになった」と，普段の生活支援にも広がる．

そして，何気ない雑多な日常から切り出して，日常との間に境界を設け，良好な関係を体験できるように意図して設えられたプログラムの場において〈外枠を付けたからこそもたらされる良さ〉が見出される．利用者へは，「何か形に残るものじゃないけど，やったって言えるようなものが，まあ支援者としてもなんか利用者としてもあった方がいい，まあ支援者としてだったら，その，まあこれをやってるんだって言えるものが欲しかったし．利用者としても施設

でこれをやったんだって記憶に残るような，なんか大きいものがあるといいなって，いうのがあります」と，外枠のあるプログラムという活動を切り出すことで，何となく過ぎる日々の生活では感じにくい，この活動をやってきたという足跡として【「これ」というものを残す】ことを意図する．職員も，明示できる支援方法ができて，【はっきりと言える自信】を得る．さらに，生活支援においては，トラブルや問題が生じてから事後的に対応するのではなく，予めプログラムの時間が設定されているために，対人関係の構築や修正を【平時にやっておける】良さを感じる．

(3) 抽象的な概念を具体的に共通理解できることがもたらす変化

プログラムを〈切り出された肯定的場面〉とする基本方針のもと，利用者にとって具体的で日々の生活に関連し，分かりやすい内容にする工夫がされ，それによって，抽象的な内容も相互に共通の認識をもって分かり合える【共通言語を手に入れた】状態になる．例えば，「バウンダリーのプログラム，いわゆるバリアっていうタイトルでやったんですけど．そこのバリアっていう言葉がすごい良いなって思って．今までその距離感とかって，職員でも曖昧な言葉じゃないですか．で，利用者は多分，分からなくて．で，何て表現していいかわからないっていう部分があったんですけれども，そこがなんかバリアっていう言葉で，はい，バリアみたいな感じでできるのは利用者にとってすごく分かりやすいのかな」というものである．そして，「バリアでやったよねって言った時に，でもそれをこう，ああやったなって受け入れてくれるというか．もし全然何も無い状態でちょっと（距離が）近いんじゃないみたいなことを言った時との反応はもしかしたら違ったかな」や，「認知の話とかを利用者からしてきたりとか，なんかそのモンスター（非機能的認知）の話とかしてくることがあったりすると，そこでそういう話ができるようになったというのは，まあプログラムやってなかったら多分その話はなかっただろうな」というように，【概念を生活用語で使う】ことができ，日々の生活支援に活かせるようになる．このような共通言語がない状態では，「今までだったら本当にこうできてないことに対してこうしたほうがいいよねっていうような，何だろうこう正論で，指し続けるみたいなことをやってた」ように，分からない表現で強引に介入し，

利用者に対して【漠然とした否定になってしまう】ことがあった．ただし，利用者の理解度の違いによって共通言語の獲得にはつながらない内容もあることから，分かりやすく【それぞれに合わせて伝えたい】と感じる．

　プログラム実施直後は，職員も【意識して率先する】ように実践し，利用者も，「まあずっとではないんですけど，なんかちょっと意識してるなあっていうように感じられた」と，【直後は，みるからに意識が感じられる】．そして，【「一緒に楽しめた」のために】プログラムが実施されており，直後だけでなく〈楽しいイメージで続けてくれる〉ようにもなる．楽しい雰囲気の中で印象づける工夫がされ，褒められた体験から，「すごく覚えてる人だと，なんかそこでやったすごく面白かった場面とかがすごく強烈に残っているから，その場面を言ってくれたり」するように【楽しく印象づいていると実感する】．そして，よい印象があるために，「すごく実践してるなっていう変化，というか，もともとすごく，自分から話しかけるの苦手な方だったんで．ただその，すごく話しかけるようになったな．それもその SST とかでやった，あの褒められた場面のあの本当に一言一句あれを覚えて実践する方だから．それを本当にやっているなっていう印象をすごく受ける」ように【得意になって使っている】と実感するようになる．ただし，行動の変化と比べて認知の変化には時間がかかるために，ずれが生じ，「発言が増えましたってなった時に，……マウントの取り合いじゃないけど，俺これやった，これやった，これやりましたっていうのが，ものすごい激しいですね」と，状況によって獲得した行動が適応的ではない使われ方になって，プログラムでは褒めることが，生活では褒められず，【アンバランスな変化に戸惑う】ことも生じる．

（4）関係性における利用者，職員双方の根本的な変化と残る違和感

　〈楽しいイメージで続けてくれる〉のとは異なり，利用者がプログラムを通じて自分自身の否定的な，不適切な側面に気づき，変化しようとする【分かってやろうとしてくれる】ことがでてくる．例えば，「これはどういう感情なんだとか今まで考えたことなかったとか，それを言語化できる，……で，効果もあるんだろうなって．自分の感情に向き合うっていうことも，あの（プログラムの）中でやって感情がこんなにあるんだっていう．で，それを否定しなく

ていいっていうこと言われて，ちょっと楽になったとか．うん，自分のなんかそういう気持ちになっちゃう自分が嫌いと思ってて．今でもそこはすごく揺れていると思うんですよね．あの，他の人に対して許せない気持ちになる．でもなんか本当は協調していかなきゃいけないっていう自分がすごく今戦ってバランスが取れない状態になっちゃっている状態だと思うんですけど．でもそれはやっぱり自分で文章にして整理できるきっかけになっていってるのかな」ということがある．また，これまでの人間関係の中で傷つき，苦手意識をもっていた利用者が，対人関係に自信をもったり，他者のことを気遣えるようになる，【根本の変化に接する】．例えば，「意見を言えるっていうのがやっぱり，手挙げて指されてってあんまりないじゃない，なかったと思うんですよ．学校生活とかでも．そういうふうな，ちょっと誇らしい気じゃないですけど，自慢じゃないですけど，優等生になれたような．別にとんちんかんなこと言ったって，みんな拍手して，ありがとうございましたってお礼まで言われてそんな嫌な気分にはならないかなというふうには思いますよね．ああ，なるほどそういう風な考えもあるんだねとかって言われた時には，もう鼻高々じゃないかな」や，「自分だけの何とかじゃなくですよね．本当になんか．こう，自分もこう困ったから，みんなもこうした方が，心地いいんじゃないかっていう風に言えたりする」というものである．こうした〈根深いところでの変化に触れる〉中で，プログラムの【雰囲気が基本だと再認識する】．

　職員も，〈外枠を付けたからこそもたらされる良さ〉から，【作られた中で気づきが広がる】ことになり，「ちょっとした雑談みたいな話とかでも，あ，これは今認知のその，なんだろう．こういう捉え方みたいな事を考えたりするようにはなりましたね．それって多分，プログラムや，プログラムで認知とか扱ってなかったら多分聞き流してた話だと思うんだけど」というように，利用者の認知やバウンダリーについて認識できるようになる．そして，利用者の様々な側面をこれまで以上に理解できるようになると，「利用者に興味を持つようになったかな．なんか今までもっとすごく，機械的なって言ったらあれだけど，機械的だしあんまり何も考えてない関わりと言うか，なんかなんて言ったらいいのかな．やっぱり話せる人たちだから，本当に楽しく話して，トランプやってイエーイみたいな感じで．それはそれでいいんですよ．それはそれでいいん

だけど，なんかそこにその，トランプ1つ取ってもなんかああ，こういうこと考えてるんだとかなんかそういうのが，どういう気持ちなんだろうみたいなことを，すごくなんか興味持つようになったりはしました」と，【理解できて関心が増す】ようになり，〈利用者の体験する世界をもっとみようとする〉ことが深まる．

　ただし，「日常生活ですごい大きな変化があるかっていうと，そんなに感じられないなっていう部分があります」と，劇的に良くなるところまでは感じられず，プログラムは【付加的な要素に過ぎない】とも認識される．加えて，プログラムによる〈型通りのかかわりへの違和感〉も持つ．プログラムでは分かりやすく具体的で適切な方法を提示し，利用者が実践できる一方で，「悪い影響ってわけじゃないけど，結構コミュニケーションが構造化された印象はすごくある」という【不自然なまでの構造化】への気づきをもつ．その背景には，理論的で具体的な方法だけでなく，利用者と対峙するような姿勢も必要だと感じており，「じゃあみんなでジェラート食べに行こうって．で，行ってからみんな雰囲気が良くなってって．みんな多分そういった経験も少ない人たちなんで，絶対的に必要なんだろうなと思うんですけど，なかなかそれが今作れない」というように，合目的的で適切なコミュニケーションが意識されるあまり，ただ一緒に楽しむといった何気ないやりとりが減っている感覚がある．そこで，「道具があっての，あって考えてどうしようもなくなった時のそれ（明確には構造化されていない関わり）なのかなっていうふうには思います」と構造化された適切な関わりと，そうではない関わりをうまく【バランスをとる】ようにすればいいと感じている．

4　総合考察

　プログラムを用いた対人関係構築支援の分析結果より，基本姿勢の重要性，わかりやすさ，構造化の活用，バウンダリーの有効性が示されたため，ここでは，それらの点から知的障害者等へのCBTに基づいた対人関係構築支援について検討する．

（1）基本姿勢がもたらす対人関係についての根本的な認識の変化

　知的障害や自閉スペクトラム症者への心理療法においても治療同盟の影響が大きく（Strauser et al. 2004, Brewe et al. 2021），知的障害者へのCBTでは，親しみやすく，分かりやすい内容で対等な大人として対応することの重要性が指摘されている（Pert et al. 2013）．本結果でも，分かりやすい内容に工夫し，楽しい雰囲気の中で，職員と利用者が共に学び，成功体験を重ねてもらうという基本姿勢が重要だと示された．この姿勢は，利用者の参加や発言自体を繰り返し受容し褒めるという対応で具現化され，利用者は楽しく肯定されながら適切な対人関係に気づき，具体的な方法を獲得し，さらに，自身の関係性を見直し，対人関係に自信を得るという大きな変化にまで至っていた．なお，プログラムは，主に利用者の示す行動や認知の変化に焦点を当てた修正を行っており，より深い水準のスキーマへ直接的介入を行ってはいない．しかし，基本姿勢に沿った対応は，プログラム中や，それを介して日々の生活支援でもより意図的に行われることで，対人関係についての根本的な認識に変化をもたらしうると考えられる．

（2）双方向のコミュニケーションにおける利用者にとってのわかりやすさ

　知的障害者等への心理プログラムにおいては，内容を，自分自身に当てはめて考えられる程の平易でわかりやすいものに工夫することと，抽象的な概念を，対象者が実感を持って使える「ことば」で表現することが有効である（Ayland & West 2006, 我藤他 2020）．本結果では，バウンダリーを「バリア」，非機能的認知を「モンスター」として，利用者の身近な具体例とともに示し，ウォーミングアップやゲーム，デモンストレーションによって感覚的に理解できるように伝えたことで，利用者が日常生活の自身の行動を振り返る際に用いることができていた．また，それらの用語を職員が共有することによって，利用者がより適応的な人間関係を構築することができるようになった．つまり，わかりやすい内容で，対象者が実感できる「ことば」を用いることにより，対象者自身で自分の対人関係の特徴や課題に気づき，見直し，生活のなかで具体的に実行し，修正して活かすことができるという主体的な変化をもたらすのだ．また，分かりやすくする工夫を重ねることで，楽しく共に学べる状況を創出でき，対

人関係構築の支援が，漠然とした分からないことを一方的に押し付け，実態の分からないものによって対象者自身の在り方を否定することを防げるのである．

(3) 構造化の活用と課題

　信頼関係は支援の基盤であり，日々の生活支援でも対人関係における困難へ働きかけ，良好な関係づくりのための支援は行われる．それに対して，プログラムは日常生活で繰り返されるやり取りを切り出して，適応的なコミュニケーションを学ぶための構造化された場面を意識的に設定することになる．その際，対等なコミュニケーションのためには支援者がやり取りを構造化する必要性もある（Jahoda et al. 2009）．本結果では，こうした構造化により，前述の基本姿勢は明確化され，具体的な対応方法として意図的に実行され，対人関係の構築が促進された．また，職員にとっては抽象的な基本姿勢を具体化するスキルや利用者のよりよい理解を得ることにつながった．さらに，心理療法は生活支援における関わりの影響を考慮すべき（Pert. et al 2013, O'Malley et al. 2019）であり，生活支援者との肯定的関係が対象者の関係構築スキルの獲得につながる（Fish & Morgan 2021）が，本プログラムでは生活支援を行う職員が実施したことで，日々の生活支援へ容易に反映され，生活場面での良好なコミュニケーションが促進された．一方で，構造化されたプログラム中のコミュニケーション方法が日々の生活場面でそのまま実践されたために，日常のやり取りが型通りになっていくという副作用が生じた．それは，やり取りが不自然になるというだけでなく，自然で，何気ない，雑多なコミュニケーションが淘汰されるというものでもあった．したがって，日々の関わりが型通りになるという課題に留意し，プログラムによる構造化の利点を，生活の基本となる何気ないやり取りの中で，日々の生活に自然に馴染むように適用する工夫が求められる．

(4) バウンダリーの生活支援や関係構築支援への有効性

　生活支援のあり方や，支援者と対象者，対象者間の関係性を直接的に修正する方法としてバウンダリーの学習が有効である．バウンダリーは，身体，感情・思考，時間，空間，関係性等において範囲や性質を示す（Katherine 1991, Hartmann 1991, 山﨑・荒屋 2023）もので，自身を保護し，自己決定や責任の

範囲を示し，人生に秩序をもたらし，主体的に生きることへ貢献するとともに，他者との関わり方を自己決定でき，相互にバウンダリーを尊重することで，適切な対人関係を築くことができる（Katherine 199, Cloud & Townsend 1998, 1999）．本プログラムでは，「バリア」という言葉で肯定的な印象とともにバウンダリーの概念を共有したことで，生活のルール（空間や所有のバウンダリー）やバウンダリーを守る対人関係を，利用者自ら実践できるものとなっていた．被害体験があり，反社会的行為のある知的障害・発達障害者にとって，ルールや適切さは押しつけられ，自分自身を抑圧，排除するものと認知されかねない．しかし，生活や関係性のあり方をバウンダリーとして示すことにより，保護や主体性に貢献する機能が発揮され，対象者自身で生活や対人関係の課題に気づき，自ら修正する動きを引き出せるのである．

5 今後の課題

　反社会的行為のあった知的障害者に対する適応的な関係性構築を支援する上で，プログラムの内容は，対象者や支援に応じて柔軟に工夫されており，工夫すること自体が支援者と対象者の相互関係を通じた対人関係の構築に有効であった．ただし，より効果的な支援を展開するためには，具体的なプログラム内容が対象者の行動変容に与える影響について明らかにすることも必要である．今後は，支援対象者数及び実施施設を増やしながら，質的な変化を継続して丁寧に捉えることによって，本研究で構築された理論や実践での有効性を検証する必要がある．

［謝辞］
　本研究は JSPS 科研費 20K02198 の助成を受けたものである．

［文献］
Ayland, L. & West, B.（2006）The Good Way model: A strengths-based approach for working with young people, especially those with intellectual difficulties, who have sexually abusive behavior. *Journal of Sexual Aggression, 12*（2）, 189-201.
Brewe, A. M., Mazefsky, C. A., White, S. W.,（2021）Therapeutic Alliance Formation for

Adolescents and Young Adults with Autism: Relation to Treatment Outcomes and Client Characteristics. *Journal of Autism and Developmental Disorders, 51,* 1446-1457.

Cloud, H., Townsend, J.（1998）*BOUNDARIES WITH KIDS HOW HEALTHY CHOICE GROW HEALTHY CHILDREN.* Michigan, Zondervan.

Cloud, H., Townsend, J.（1999）*Boundaries in Counselling and Psychotherapy.* United Kingdom, Athena Press.（＝中村佐知・中村昇訳〔2004〕『バウンダリー』地引網出版）.

Fish, R., Morgan, H.,2021）"Them two are around when I need their help" The importance of good relationships in supporting people with learning disabilities to be "in a good space". *British Journal of Learning Disabilities, 49,* 293-302.

Garcia, J. C., Diez, E., Wojcik, D. Z., Santamaria, M.（2020）Communication Support Needs in Adults with Intellectual Disabilities and Its Relation to Quality of Life. *International Journal of Environmental Research and Public Health, 17*（20）, 7370; https://doi.org/10.3390/ijerph17207370.

我藤諭・山﨑康一郎・水藤昌彦・森久智江（2020）「知的障がいのある性加害者への治療教育プログラムにおける『わかりやすさ』と支援者の役割」, 龍谷大学矯正・保護総合センター研究年報, 第10号, 50-64.

Haaven, J.L.（2006）The Evolution of the Old Me/New Me Model. Practical treatment strategies for person with intellectual disabilities. In ed. G. D. Blasingame. *Working with forensic clients with severe and sexual behavior problems.* Safer Society Press.

Hansen, K. and Kahn, T.J.（2006）*FOOTPRINTS: Steps to a Healthy Life,* Safer Society Foundation（＝本多隆司・伊庭千惠監訳〔2009〕『性問題行動のある知的障害者のための16ステップ・フットプリント——心理教育ワークブック』明石書店）.

Hartmann, E.（1991）*Boundaries in the mind: A new psychology of personality.* New York. Harper Collins.

法務総合研究所（2014）『知的障害を有する犯罪者の実態と処遇（法務総合研究所研究部報告52）』.

福永佳也・野村知子・山﨑康一郎（2011）「第4章　知的障害のある人の施設でのSST」瀧本優子・吉田悦規編著『わかりやすい発達障がい・知的障がいのSST実践マニュアル』128-144.

Hunter, J.A.（2011）*Help for Adolescent Males with Sexual Behavior Problems: A Cognitive-Behavioral Treatment Program Therapist Guide,* Oxford University Press.（＝高岸幸弘訳〔2012〕『性的問題行動を抱える青年の認知行動療法　治療者向けマニュアル』日本評論社）.

Jahoda, A., Selkirk, M., Trower, P., Pert, C., Kroese, B. S., Dagnan, D., Burford, B.,（2009）The balance of power in therapeutic interactions with individuals who have intellectual disabilities. *British Journal of Clinical Psychology, 48,* 63-77.

Kahn, T.J. (2001) *PATHWAYS: A Guided Workbook For Youth Beginning Treatment 3rd Edition,* Safer Society Foundation. (＝藤岡淳子監訳〔2009〕『性問題行動・性犯罪の治療教育 2　回復への道のり…パスウェイズ…──性問題行動のある思春期少年少女のために』誠信書房).

Kahn, T.J. (2007) *Roadmaps to Recovery: A Guided Workbook for Children in Treatment 2nd Edition,* Safer Society Foundation. (＝藤岡淳子監訳〔2009〕『性問題行動・性犯罪の治療教育 3　回復への道のり…ロードマップ…──性問題行動のある児童および性問題行動のある知的障害をもつ少年少女のために』誠信書房).

Katherine, A. (1991) *Boundaries: Where you end and I begin.* New York: Simon & Schuster.

木下康仁（2020）『定本 M-GTA : 実践の理論化をめざす質的研究方法論』医学書院 .

Lindsay, W. R. (2005) Model Underpinning Treatment for Sex Offenders with Mild Intellectual Disability: Current Theories of Sex Offending. *Mental Retardation, 43,* 428-441.

O'Callaghan, D. (1998) Practice Issues in Working with Young Abusers who have Learning Disabilities. *Sexual Abuse Review 7,* 435–448.

O'Malley, G., Irwin, L., Syed, A. A., Guerin, S., (2019) The clinical approach used in supporting individuals with intellectual disability who have been sexually abused. *British Journal of Learning Disabilities, 47,* 105-115.

Pert, C., Jahoda, A., Stenfert Kroese, B., Trower, P., Dagnan, D., Selkirk, M. (2013) Cognitive behavioural therapy from the perspective of clients with mild intellectual disabilities: a qualitative investigation of process issues. *Journal of Intellectual Disability Research, 57 (4)* , 359-369.

Richmond, P. A., Padgett, D. L., (2002) Finding the Line: Boundary Decisions in Residential Treatment. *Residential Treatment for Children & Youth, 20 (1)* , 53-66.

佐藤幸江 著 , 熊谷直樹・天笠崇・加瀬昭彦・岩田和彦 監修（2011）『読んでわかる SST ステップ・バイ・ステップ方式── 2DAYS ワークショップ』星和書店 .

Smith, M., Manduchi, B., Burke, É., Carroll, R., McCallion, & P., McCarron, M. (2020) Communication difficulties in adults with Intellectual Disability: Results from a national cross-sectional study. *Research in Developmental Disabilities, 97,* 103557.

Social Exclusion Unit. (2002) Reducing re-offending by ex-prisoners. *Office of the Deputy Prime Minister,* 18-21.

Strauser, D. R., Lustig, D. C., Donnell, C. (2004) The Relationship Between Working Alliance and Therapeutic Outcomes for Individuals with Mild Mental Retardation.

Rehabilitation Counseling Bulletin, 47(4), 215-223.

Steptoe, L., Lindsay, W. R., Forrest, D., & Power, M.（2006）Quality of life and relationships in sex offenders with intellectual disability. *Journal of Intellectual and Developmental Disability, 31,* 13–19.

田上時子編著・ＮＰＯ法人女性と子どものエンパワメント関西（2008）『暴力防止の4つの力――ワークで学ぶ子どものエンパワメント』解放出版社.

竹田伸也（2012）『認知療法トレーニング・ブック――心の柔軟体操でつらい気持ちと折り合う力をつける』遠見書房

渡辺弥生編著（2011）『子どもの感情表現ワークブック』明石書店.

Wheeler, J. R., Clare, I. C. H., & Holland, A. J.（2013）Offending by people with intellectual disabilities in community settings: A preliminary examination of contextual factors. *Journal of Applied Research in Intellectual Disabilities, 26*(5), 370–383.

Williams, E. and Barlow, R.（1998）*Anger Control Training,* Speechmark Publishing.（＝壁屋康洋・下里誠二・黒田治訳〔2006〕『アンガーコントロールトレーニング　軽装版』星和書店）.

山﨑康一郎・酒井佐枝子（2019）「性加害行為のあった知的障害者の関係性獲得過程と再加害行為のない地域生活継続との関連について――性加害行為のあった知的障害当事者の主観的体験より」『福祉心理学研究』16(1), 33-43.

山﨑康一郎・荒屋昌弘（2023）「コンテインメントとバウンダリーによる家庭的養育における生活支援の分析――トラウマを抱えた児童との親密な関係性における生活支援の課題と対応」『社会的養護研究』3, 72-78.

Yates, P.M. & Prescott ,D.S.（2011）*A Good Lives and Self-Regulation Workbook.* Safer Society Foundation（＝藤岡淳子監訳〔2013〕『グッドライフ・モデル――性犯罪からの立ち直りと良い人生のためのワークブック』誠信書房）.

刑事施設出所後の支援に関する
用語についてのレビュー

A Review of Terms Related to Support After Release From Penal Institutions

安髙真弓*　相澤育郎**

1　研究背景

　監獄法の改正を機に加速した再犯防止対策と並行して，2000年代半ばから厚生労働省と法務省が協働し，高齢，障がいがあって刑事施設から出る人に対して司法と福祉が連携して適切な福祉サービスへと仲介する「出口支援」が進められている．出口支援の広がりとともに，「出口」だけでなく，障がいや高齢などの特別なニーズがある犯罪行為者が刑務所に入る前に，社会内での支援が必要であるとする「入口支援」の必要も指摘され，「入口」「出口」両面の支援が手探りで行われている．

　「入口」「出口」と，それぞれの支援の必要が認知され，それぞれにかかわる関係機関がかかわりを始め，いわゆる「司法と福祉の連携」の動きも相当な広がりを見せつつある．しかし，司法と福祉が使用する言語の違いによって生じる連携の困難（山下 2011）のほか，そもそも刑事司法と福祉のアイデンティティには隔たりがあることも指摘されている（加藤 2013）．「中」の支援にあたる薬物依存離脱指導に関しては，「薬物依存」にかかわる用語や概念が司法・医療・福祉の各領域によって異なり，概念のすり合わせが行われぬまま，それぞれの領域が独自の概念を用いて解釈し，対応されていることが指摘されている（安髙 2021: 34-40）．

*島根大学人間科学部講師　**立正大学法学部講師

　犯罪白書の副題には，「更生を支援する地域のネットワーク」（平成29年版），「進む高齢化と犯罪」（平成30年版）が取り上げられ，今後ますます進むであろう受刑者の高齢化をにらみつつ，出口支援では地域ぐるみのネットワーク（民間協力，地方公共団体を含む多機関連携）の強化による，切れ目のない“息の長い支援”が求められている（平成29年版犯罪白書）．このような現状をふまえ，刑事施設出所後の支援を構築するにあたり，不明確さが指摘される「社会復帰」あるいはそれに関連する用語について，概念や定義を整理する必要がある．

2　研究目的と意義

　本研究の目的は，①研究領域によって用語の出現頻度等に違いがあるか比較し，領域になじみやすい用語や傾向を検討すること，②「社会復帰」に関して，先行研究ではどのように定義されてきたか確認することの2点である．

　本研究の成果は，支援における連携を図るうえで近接領域の理解に貢献できる．また，多様な領域において頻出する「社会復帰」がどのように定義されているのか検討することは，刑事施設出所後の支援を具体的に計画する際の指標を探求することに寄与できる点で意義があると考える．

3　研究方法と倫理的配慮

（1）文献の収集方法

　地域生活定着促進事業が開始された2009年から2020年末までの12年間に発表された国内研究論文等を対象とし，CiNii articleで抽出した661編について分析した．研究方法の概要は，以下のとおりである．

　1）検索語の設定

　まず，分析対象を絞り込むために，「A. 刑事施設の出所者に関する用語」および「B.「社会復帰」に関連する用語」について，先行文献等を参考にそれぞれ同義と思われる語を以下のように設定した．

 A．刑事施設の出所者に関する用語：
「刑余者」「受刑者」「出所者」「罪を犯した人」「罪に問われた人」に「犯罪」「非行」を加えた7語．
 下線 B．「社会復帰」に関連する用語：
「社会復帰」「回復」「リハビリテーション」「生活支援」「立ち直り」「デジスタンス」「再犯防止」「更生」の8語．

2）検索手順
①「A．刑事施設の出所者に関する用語」7語を OR 検索し，CiNii のタイトル検索枠に（1）で設定した「B．『社会復帰』関連語」を一語ずつ入力して検索した．
②①の結果をタイトル，著者，掲載誌情報などを整理し，「B．『社会復帰』関連語」の検索語ごとにエクセルシートに保管した．
③重複する論文等の削除
 a．エクセルの同一シート内で，同じ論文が重複している場合は，CiNii にリンクやリポジトリがあるものを優先し，その他は削除した．リンクやリポジトリがない場合は，便宜的に先頭から振った番号の若いものを残して重複を解除した．
 b．書評および博士論文の講評は除外した．

（2）レビュー対象文献の選定結果の示し方
 検索手順①～③の結果整理できた論文について，以下に示す C．研究分野（8分野）を設定し，各分野の論文抽出数を算出し，マトリックスを作成した

 C．研究分野：法学，社会福祉学，社会学，心理学，医学，教育学，一般誌，
        その他

 なお，研究分野の設定については，文部科学省科学研究費補助金「審査区分表」（科学技術・学術審議会学術分科会・科学研究費補助金審査部会 2016）を参考にし，対象となる論文が掲載されている雑誌，あるいは論文の主執筆者の専門

表1 「一般誌」に分類したジャーナル一覧と「その他」の分類方針

一般誌 (11)	Themis ／愛媛ジャーナル／金曜日／経済界／こころ／週刊朝日／世界／全建ジャーナル／創／中央公論／ニューズウィーク
その他 (23)	ジャーナル名のみでは分類しがたいもの，学際的名称のものなど，論文執筆者の専門領域をたどっても分類が難しいもの. 例）オーストラリア研究紀要／会計と監査／人間科学研究／人間幸福学研究…

＊（　）の数値は，分類したジャーナル数を示す

表2 研究手法と種類の操作的定義

手法と種類		内容
文献研究 （空閑 2019）	文献の研究	過去に 出版や公開された何らかの文献を取り上げて，そこに記された内容についての説明や分析解釈といった作業を行うこと.
	文献による研究	自らの問い（研究課題，リサーチクエスチョン）に対する回答を論理的に導くための方法として，先行研究としての複数の文献を活用した研究（システマティックレビューを含む）※1.
実証研究 （佐渡・吉野 2008）		なんらかの体験（調査）※2をもってデータを作り出し，新たな発見を導き出す研究.
事例研究 （杉野 2019）		実際に起こった現象活動を捉え，客観的な視点から分析する． いくつかの事例を取り上げ，分析の段階で共通点，相違点相関性などを見出し，理論を構築する． ただし，事例の紹介や例示は除く．注1）
解説（医中誌 Web）		特定の分野や主題について解説した記事（論ను を含む）※3.
総説（医中誌 Web）		特定の分野や主題について，関連文献，資料に基づいて総括的に論評した記事.「レビュー」「総説」と明記されている記事.
一般（医中誌 Web）		他のいずれの論文種類にも該当しないが，内容に価値のある記事.
座談会 （医中誌 Web）		トピックについて，2人以上の対談形式で構成されている記事.「座談会」「対談」「鼎談」等と明記されている記事.
海外調査		海外での現地調査報告
実践報告・活動紹介		活動や実践の紹介・取組紹介
シンポジウム，講演 学会報告要旨		シンポジウム，講演等の報告内容の要旨

＊表中※1，※2，※3：（　）の記述は，筆者による加筆

分野を考慮のうえ，該当するジャーナル179誌について分類した.「一般誌」に分類したジャーナルの一覧および，「その他」の分類方針は表1のとおりである.

さらに「社会復帰」に関して，詳しく検討するために以下の作業を行った.

a. 「社会復帰」に関連する論文として選定した148編から，重複している2編，執筆者名のない3編を一覧から削除した.

b. aの結果残った143編について,「社会復帰」の定義の有無,研究スタイ
ル・研究の種類についてさらに分類し,マトリックスにまとめた.

　研究スタイル・研究については,研究責任者の研究分野である社会福祉学
(社会科学)では,研究の目的を表す「○○研究」,「研究方法」および「(研
究の結果得られた)資料の性格」(注:( )は筆者の加筆)があり,分析視覚によ
って分類が異なるとされている(日本ソーシャルワーク学会2019:179-180).そ
のため,5)の分類にあたって,医注誌Webの「論文種類と定義」を援用し,
表2に示す研究の手法と種類の分類を操作的に定義し援用した.
　本研究のすべての工程について,社会福祉学および法学の研究者2名が協働
で行った.
　なお,本研究は文献研究であり,既に公開されている論文のみを研究対象と
している.そのため,人を対象とした倫理的配慮は生じないが,日本司法福祉
学会の定める「日本司法福祉学会研究倫理指針」ならびに,所属大学の倫理規
程を遵守して実施した.

4　結果と考察

(1) 分野ごとの対象雑誌数

　分野ごとの対象雑誌数は,179誌であった(表3).法学が56誌と最も多く,
次いで社会福祉学33編,その他に分類される論文23編であった.本研究で設
定した用語に関する研究は法学が中心になって牽引していることがうかがわれ
る.社会福祉学が,それに続いているのは,高齢,障がい等により,「入口」
「出口」両面の支援が必要な人が増えていることが社会福祉の課題として取り
組みが行われているとも考えられる.

表3　分野ごとの雑誌数

法学	社会福祉学	社会学	心理学	医学	教育学	一般誌	その他	計
56	33	9	19	18	10	11	23	179

表 4　分野ごとのキーワードヒット数

		法学	社会福祉学	社会学	心理学	医学	教育学	一般誌	その他	計
1	社会復帰	92	14	10	5	5	0	2	15	143
2	回復	19	1	1	7	8	0	3	2	41
3	リハビリ	1	0	0	0	2	0	0	0	3
4	生活支援	1	7	1	1	0	0	0	0	10
5	立ち直り	95	11	33	12	0	7	9	9	176
6	デジスタンス 注2)	0	0	0	0	0	0	0	1	1
7	再犯防止	106	3	1	7	5	1	4	4	131
8	更生	109	20	4	3	5	3	6	6	156
	総数	423	56	50	35	25	11	24	37	661

(2) 分野ごとのキーワードヒット数

　表頭に研究分野を表側に検索をかけた関連語を配置したマトリックスは，表4の通りであった．661編のうち，研究分野として最も多いのは法学423編であった．次いで社会福祉学56編，社会学50編という結果であった．研究領域における雑誌数を反映しているものであるが，法学に次いで社会福祉学，社会学の論文が多いのは，社会のできごと，取り組みの課題として捉えられ始めているとも理解できる．

(3) 「社会復帰」に分類された論文の分野ごとの研究手法

　今後の出所者支援を検討するにあたり，ここからは，特に「社会復帰」という言葉について言及していく．

　表4で整理した「社会復帰」に関する論文143編をさらに詳細に分類したのが表5である．表頭に研究分野を表側に研究手法を配置した．「社会復帰」に絞ってみても，論文数は法学92編が最も多いのは，全体的傾向と同じであった．次いでその他15編，社会福祉学14編，社会学10編であった．

表5 「社会復帰」に分類された論文の分野ごとの研究手法

	法学	社会福祉学	社会学	心理学	医学	教育学	一般誌	その他	計
文献研究	8	6	7	0	0	0	0	3	24
事例研究	0	0	0	0	0	0	0	1	1
解説	21	1	1	1	0	0	0	2	26
一般	2	2	0	0	0	0	2	0	6
座談会	1	0	0	0	0	0	0	0	1
海外調査	1	2	0	0	1	0	0	0	4
実践報告・活動紹介	30	2	1	1	2	0	0	0	36
シンポジウム，講演，学会報告要旨・	26	0	1	1	1	0	0	6	35
実証研究	3	1	0	2	1	0	0	3	10
総数	92	14	10	5	5	0	2	15	143

(4)「社会復帰」論文にしめる実証研究の概要

　「社会復帰」に関する論文143編のうち，実証研究は10編であった．その10編について，著者，発表年，調査対象者，分析方法を表6に整理した．「社会復帰」に分類された論文143編の研究手法を見ると，全体として多い順に「実践報告・活動紹介」36編，「シンポジウム，講演，学会報告要旨」35編，「解説」26編，「文献研究」24編であった．実証研究は，「文献研究」に次いで10編であった．これは，この分野の研究を法学がリードしてきたことを考えると，法学の研究スタイルが反映されたものとも考えられる．

　グレーの網かけは，質的研究に分類されるものである．10編のうち，質的研究が5編，量的研究が5編と，偏りは見られなかった．また，実証研究のうち，「社会復帰」についての定義，あるいは定義に準ずる記述があるのは1編のみであった．

(5)「社会復帰」の定義のある9論文

　表4で整理した「社会復帰」に関する論文143編のうち，研究手法にかかわらず「社会復帰」の定義がある論文は9編であった（表7）．明確な定義という

表6 「社会復帰」に関する実証研究論文

NO	分野	著者	発表年	調査対象	分析方法	定義
154	その他	松本 聡子，野村 俊明ら	2009	八王子医療刑務所を満期出所した精神障害受刑者 109 名	mann-Whitney の U 検定，T 検定	
127	その他	松本 聡子，野村 俊明ら	2010	八王子医療刑務所精神科を満期出所した受刑者 101 名の通報票	X 2 検定	
125	法学	我藤 諭	2011	教誨師 756 名分の回答	テキストマイニング	
120	その他	矢野 恵美，齋藤 実	2011	男子受刑者 334 名，女子受刑者 412 名	記述統計	
82	法学	益子 行弘	2013	大学生・院生 550 人	t 検定	
54	法学	桐原 宏行	2014	20 歳以上 65 歳未満の一般成人 72 人，更生保護施設利用者 71 人	ケース・コントロール研究	
26	心理学	岡本 潤子，坂野 剛崇	2017	主に未成年者を対象としている更生保護施設 5 か所の施設長および指導員（人数不明）	質的記述的研究（佐藤の質的分析法）	○
13	社会福祉学	中村 秀郷	2018	就労支援，住居確保支援において，保護観察官と連携して支援を担っている更生保護施設職員 19 名	質的記述的研究（M-GTA）	
9	心理学	中谷 こずえ，五十嵐弘志ら	2019	全国 56 箇所の矯正施設に入所している成人男性受刑者 725 名	テキストマイニング／形態素分析	
6	医学	俵谷 知実，山本 彩	2019	札幌市発達障害児者支援開発事業企画・推進委員 22 名	質的記述的研究（デルファイ法）	

※灰網かけは，質的研究に分類されるもの.

より，社会復帰の鍵となる事柄について言及したもの（論文番号 77，123），「立ち直り」「自立」といった，さらに定義が必要な語が用いられているものもあり（論文番号 26），研究者によって定義はまちまちで，統一性は見られなかった.

　表7に整理した「社会復帰」を定義している論文 9 編のうち，実証研究は 1 編のみであった（文献番号 26）.

　定義されていない論文では，前後の文脈から読み取れる範囲で解釈すると，「出所すること」「刑務所を出ること」「社会に戻ること」と同義の使われ方である印象が濃厚であった.

表7 「社会復帰」に関する論文のうち，「社会復帰」の定義のある論文

NO	分野	著者	発表年	調査対象	方法／デザイン	社会復帰の定義
133	社会福祉学	多田 庶弘	2010	刑務所（刑事施設）出所者	文献研究	「行刑改革会議7で示されたように，『真の意味での改善更正を遂げ，再び社会の担い手となるべく，人間としての自信と誇りをもって社会に復帰すること』」
123	その他	加藤 倫子	2011	非行少年	事例研究	「家族との信頼関係を取り戻す過程」
77	法学	小竹 広子	2013	女性犯罪者	解説	「社会復帰の鍵となるのは，（中略），経済的に安定すること，家族や友人との絆の維持・再生，精神面の回復（精神的疾病の治療）と生き甲斐の獲得」
76	法学	小畑 輝海	2013	女性の出所者	シンポ～要旨	「就労による自立を通して寮生を社会復帰させ～」
60	法学	浜井 浩一	2014	高齢者・障がい者	解説	「（犯罪からの）離脱（つまり立ち直り）は，第一次離脱で犯罪を停止（つまり再犯防止）し，第二次離脱で犯罪者ではない新たなアイデンティティを獲得し，まっとうな社会的な役割を担い，普通の人々との人間関係を形成すること.」
26	心理学	岡本 潤子，坂野 剛崇	2017	主に未成年者を対象とする更生保護施設5か所の施設長・指導員（人数不明）	質的記述的研究	「非行少年の立ち直り／非行のあった少年が自立」
30	その他	中村 正	2017		シンポ～要旨	「包摂とか統合という，社会にとっては支配的な，社会復帰の物語（後略）」
34	法学	守山 正	2017	犯罪者	シンポ～要旨	「伝統的に言えば，刑務所で犯罪者の処遇を行い，何らかの環境調整を行って社会に戻していく」
20	法学	安田 恵美	2017	高齢犯罪者	文献研究	「『社会復帰』は，社会参加という土壌の上に成り立つ『主観的なもの』（中略）ゆえに社会復帰が果たされているか否かを外部から判断することは極めて困難である」

※「シンポ～要旨」は，「シンポジウム，講演，学会報告要旨」を指す略語． ※灰網かけは，実証研究.

5 総合考察

(1)「社会復帰」の辞書的意味

　社会復帰という言葉の意味について掛川は，広辞苑（岩波書店），「日本国語大辞典」（小学館）について，版を追って検討している．それによると，「社会復帰」という言葉の初出は広辞苑では1991年の第4版，「日本国語大辞典」で

表 8 「社会復帰」の辞書的意味

精選版日本国語大辞典 小学館 2006	①病気やけがなどで，いったん正常な社会生活ができなくなっていた人が全快して元の生活に戻ること． ②刑期を終えて出所した者を，健全な社会人として再び社会に受け入れるようにすること．再社会化．
広辞苑第七版 岩波書店 2018,2019	病気や事故で社会活動のできなくなった人が，訓練により再び社会人として活動できるようになること．
明鏡国語辞典第二版 大修館書店 2011-2019	①病気や事故などで通常の社会活動ができなくなっていた人が，リハビリテーションなどによって回復し，再び社会で活動すること． ②刑期を終えて出所した人が，再び社会生活を送ること．
新明解国語辞典第七版 三省堂 2012	病気・けがなどで療養していた人が全快して，再び社会生活を始めること．

※下線，太字，斜体は筆者による強調

は 2001 年の第 2 版であった．社会復帰の定訳として認識される rehabilitation という言葉は，標準的な英和辞典として定評のある新英和中辞典（研究社）での初出は 1968 年の第二版 であった．「①リハビリテーション，社会復帰，②復位，復権，名義回復，③復興，再建」との訳語が定着するのは，1994 年の第 6 版以降であることが確認されている（掛川 2020: 23-24）．

　表8に，現在確認できる日本語の辞書，辞典における「社会復帰」の記述について整理した．いずれの辞書も「生活」や「活動」という言葉が用いられていることが特徴である．

（2）生活と活動に視点をあてた支援

　2004 年以降に発生した仮釈放中・保護観察中の人による重大再犯事件を機に保護観察対象者の監視強化が叫ばれ，犯罪者予防更生法にかわり「再犯防止」を明確に思考する更生法保護法が 2007 年に成立した（森久 2021）．　2016 年に施行された再犯防止推進法では，第 1 条（目的）に「犯罪をした者等の円滑な社会復帰を促進すること等による再犯の防止等が犯罪対策において重要であることに鑑み，再犯の防止等に関する施策に関し，基本理念を定め（略）」と社会復帰を通して再犯防止を強く志向していることがうかがわれる．しかし，「社会復帰」の持つ本来的な意味合いは，各辞書が指し示すように，「生活」を支援し「活動」ができるようになることではないか．

　WHO（世界保健機構）は，「健康の構成要素に関する分類」である ICF

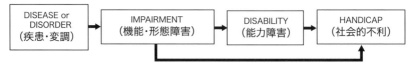

●ICIDH（国際障害分類：1980）

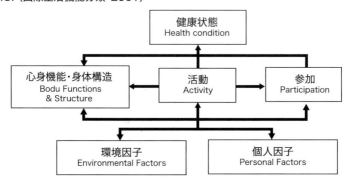

●ICF（国際生活機能分類：2001）

図1　ICIDH と ICF

　（International Classification of Functioning, Disability and Health, 国際生活機能分類）を採択した．ICF は，健康に関する分類であったが，健康分野以外にも，また分類として以外にも，保険，社会保障，労働，教育，経済，社会政策，立法，環境整備のような様々な領域でも用いられるようになっている．ICF は個々の人の問題・課題・目標を，個別性・個性を尊重して構造的に把握することを助け，すでに様々な実際のサービス分野で活用されている．様々なサービス分野，また社会的参加促進や社会的支援などのシステムの構築にも用いられているものである．生きることの全体像を示す「生活機能モデル」を共通の考え方として，さまざまな専門分野や異なった立場の人々の間の共通理解に役立つことを目指しているのが特徴である（大川 2006）．前身の ICIDH（国際障害分類 1980）が，障がいというマイナス面を中心にとらえる，悪いところを探し出して「治療」して「直す」いわゆる「医学モデル」とするならば，ICF は良いところを探し出して「健常な機能・能力というプラスを増やす（潜在的な能

力の開発・発展）」を目指す，いわゆる「社会モデル」である．環境とその人が相互に交わるところに介入して，活動と参加を促す，対人援助を行う専門職にはなじみのモデルでもある．

「社会復帰」概念の不明確さと，同意を得られやすい「再犯防止」の支援目的化に問題意識を持ち，日本の刑事司法制度に関与した人に対する生活再建のための支援が何を目的に行われるべきか言及した森久は，「社会復帰」支援という概念を捨て，犯罪行為／刑事司法への関与を契機に可視化された「傷つきやすい状態（vulnerable）にある人」の「生きる」の支援として純化されるべきではないか，と述べている（森久2017）．社会福祉専門職の基盤である「ソーシャルワーク専門職のグローバル定義」では，「ソーシャルワークの理論，社会科学，人文学，および地域・民族固有の知を基盤として，ソーシャルワークは，生活課題に取り組みウェルビーイングを高めるよう，人々やさまざまな構造に働きかける」（国際ソーシャルワーカー連盟〔IFSW〕・国際ソーシャルワーク学校連盟〔IASSW〕2014=2015）と，働きかける対象は「人」とされ，条件付けは行われていない．「生活課題に取り組みウェルビーイングを高める」ことが目的であり，森久の言う「『生きる』の支援」そのものであると解釈できる．

（3）「社会復帰」の真の意味を問う

本研究では，「社会復帰」という言葉の定義について探求してきたが，「『社会復帰』という 語・概念をめぐっては，現在『立ち直り』，『離脱』，『回復』など様々な概念を用いてそのプロセスや概念に関する説明が試みられているところであり，実際には，論者によってそのイメージは異なるように思われる」と安田が指摘する通り，それぞれの分野，研究者によって理解や解釈はまちまちであった（安田2017）．安田はまた，高齢出所者を例に，「社会参加」を「生活に必要な所得保障・医療・福祉・介護サービスが用意されている状態や生活やサービスに関わる人とつながることを意味する．その意味で，社会参加は人・機関による支援により実現可能なものであり，実現されているか否かをある程度客観的に確認することができる」としている．その一方で，「社会復帰は，社会参加という土壌の上に成り立つ<u>主観的なもの</u>である とも述べている（安田2017）（下線は，筆者）．「社会復帰」という概念が輪郭を持ってはっきり

と提示できる定義を持たないのであれば，支援の現場では出所者自身がより主体的に考えられる「いかに生きていくか（いきたいか）」という問いに置き換えて考える方が現実的であるように思う．

　また，社会復帰を主観的なものととらえるのであれば，社会復帰の主体である出所者は自らの「社会復帰」をどのようにとらえているのか明らかにする必要があると考える．さらに，辞書的な意味の「社会復帰」に記述されている「生活」と「活動」をICFの「生活機能」として捉えると，「個人因子」として出所者に介入するだけでなく，「背景因子」としての「社会」そのものにも働きかけていく必要があるのではないだろうか．ソーシャルワークのグローバル定義で言われる「構造」への働きかけ，つまり，出所した人の「社会復帰」を「社会」がどのように引き受けていくかが今後の課題であると思われる．

6　結論

　本研究では，刑事施設出所後の支援に関する用語について，①研究領域によって用語の出現頻度等に違いがあるか比較し，領域になじみやすい用語や傾向を検討すること，②「社会復帰」に関して，先行研究ではどのように定義されてきたか確認することを目的に，2009年から2020年末までの12年間に発表された国内研究論文等661編を対象に文献検討を行った．

　社会復帰関連語8語（「社会復帰」「回復」「リハビリテーション」「生活支援」「立ち直り」「デジスタンス」「再犯防止」「更生」），研究分野8分野（「法学」「社会福祉学」「社会学」「心理学」「医学」「教育学」「一般誌」「その他」）にかかる論文661編を検討し，以下の2点が明らかになった．

　①研究領域ごとになじみやすい語として，論文ヒット数の多い分野順に論文数の多い語として，法学（423）では「更生（109）」「再犯防止（106）」「立ち直り（95）」，社会福祉学（56）では「更生（20）」「社会復帰（14）」「立ち直り（11）」，社会学（50）では「立ち直り（33）」「社会復帰（10）」という結果であった．

　②①で検討した661編のうち，「社会復帰」語でヒットした論文143編を中心に分析し，

1) 実証研究は 10 編と研究蓄積が少ないことが明らかになった.
2) 「社会復帰」に関して定義されている論文は 9 編（そのうち, 実証研究は 1 編）であり, 定義はまちまちであった. 研究領域ごとの差は見られなかった.
3) 特に定義されていない論文では,「社会復帰」は「出所すること」「刑務所を出ること」「社会に戻ること」と同義の使われ方であった. 辞書的に「社会復帰」の意味を検討すると,「社会復帰」の本質は「生活」と「活動」を支援することとも考えられた.

今後の課題として, ①社会復帰の主体である出所者は自らの「社会復帰」をどのようにとらえているのか, ②ソーシャルワークのグローバル定義で言われる「構造」であり, ICF の「背景因子」としての「社会」そのものにも働きかけていくこと, ③実証研究を行い, さらなる検討を積み重ねる必要があることの 3 点が示唆された.

［謝辞］
　本研究は, 一般財団法人司法協会 2020 年度研究助成を受けて行った. 記して深謝する.

［付記］
　本論文は, 日本司法福祉学会第 22 回全国大会（東京大会：2022 年）において発表したものに大幅に加筆・修正したものである.

［注］
1　「単一事例であっても, 研究者の知識の範囲や理解の限界を実際にこれまで経験した事象以上のものにも拡張させてくれること.（中略）たった一つの経験から, たくさんのことが学ぶことが可能になること」（岩本・川俣 1990：108）は, 事例研究の意義であるとされている（杉野 2019）. これを考慮し, 事例を題材に研究目的を明らかにするための検討が行われ, その検討についての考察があるものを事例研究とし, それらのない事例の紹介や例示の類のある論文は事例研究とはしないこととした.
2　「犯罪行為または反社会的行動をやめる行為またはそのプロセス」を指す「desistance」については, 米語では「デジスタンス」, 英語では「デシスタンス」と表記・発音されることが多く, 日本語訳も表記が揺れているという. 混乱を避けるために法学系の研究では「犯罪からの立ち直り（desistance）」「犯罪・非行からの離脱（デ

ジスタンス）」のように日本語に（　）書きで英語を付記することが暗黙の了解となっている．本研究では，「デジスタンス」のみで検索したため検索結果が少なかったのかもしれない．年限を研究当時と同じ設定にしてCiNii Researchで検索すると，デジスタンスでヒットする論文は6編，デシスタンスでヒットする論文は4編存在した（2023年3月現在）．CiNii Articlesは，2021年7月にCiNii Researchへ統合されたため，研究当初の完全な再現は不能であり，再検討できない．そのため，本論文では，研究当時のデータを使用することとした．

［文献］

安髙真弓（2021）『薬物依存問題のある人の家族支援』明石書店，34-40.

我藤諭（2011）「教誨師活動と受刑者の社会復帰支援の可能性」『社会科学研究年報』42, 175.

浜井浩一（2014）「高齢者・障がい者の犯罪をめぐる議論の変遷と課題：厳罰から再犯防止，そして立ち直りへ」『法律のひろば』ぎょうせい編，67（12），4-12.

法務省総務総合研究所編（2017）『平成29年版 犯罪白書の概要』（https://www.moj.go.jp/content/001208852.pdf，2023.3.12）

医中誌Web（2022）「論文種類の定義」（https://www.jamas.or.jp/database/policy2.html，2022.12.10）

岩本隆茂・川俣甲子夫（1990）「シングル・ケース研究法：新しい実験計画法とその応用」勁草書房，108.

岩波書店（2018, 2019）「社会復帰」『広辞苑第七版』※電子辞書

科学技術・学術審議会学術分科会科学研究費補助金審査部会（2016）『科学研究費助成事業「審査区分表」』（https://www.jsps.go.jp/file/storage/grants/j-grantsinaid/03_keikaku/data/h30/h30_beppyo2-1.pdf，2023.3.12）

掛川直之（2020）『犯罪からの社会復帰を問いなおす：地域共生社会におけるソーシャルワークのかたち』旬報社，23-24.

加藤倫子（2011）「非行少年の社会復帰における家族の位置づけ——ある保護司の活動における事例から」『社会学研究科年報』（18），35-46.

加藤幸雄（2013）「監修のことば：社会福祉学の立場から」佐藤幸男・前田正博監修／藤原正範・古川隆司編『司法福祉：罪を犯した人への支援の理論と実践』法律文化社，214, 222-224.

桐原宏行（2014）「出所受刑者の生活問題と社会復帰支援の課題」『更生保護学研究』更生保護学研究編集委員会編，（5），16-28.

国際ソーシャルワーカー連盟（IFSW）・国際ソーシャルワーク学校連盟（IASSW）（2014＝2015）「ソーシャルワーク専門職のグローバル定義」（https://jfsw.org/

definition/global_definition/，20230312.）

小竹広子（2013）「弁護士の視点からみた女性の矯正と社会復帰の課題」『法律のひろば』66（8），23-29.

空閑浩人（2019）「文献研究③」日本ソーシャルワーク学会監修『ソーシャルワーカーのための研究ガイドブック』中央法規，242-246.

益子行弘（2013）「犯罪報道が視聴者の容疑者推定に与える影響」『共生と修復』共生と修復研究会編（3），39-41.

松本聡子・野村俊明・土屋悠華・ほか（2009）「精神障害を有する受刑者の社会復帰」『死生学研究』11，334-319.

松本聡子・野村俊明・奥村雄介（2010）「精神障害を有する受刑者の社会復帰：リスクアセスメントの観点から」『死生学研究』14（1），40-121.

森久智江（2017）「『犯罪行為者の社会復帰支援』から『人が『生きる』を支える』のために：障害者権利条約における人権概念と人権価値の転換による示唆」九州大学法学会『法制研究』，84（3），191-220.

森久智江（2021）「更生保護の意義と歴史」一般社団法人日本ソーシャルワーク教育学校連盟編集「最新 社会福祉士養成講座 精神保健福祉士養成講座10 刑事司法と福祉」中央法規，140-142.

守山 正（2017）「基調講演 刑務所出所者の社会復帰支援：暴力団離脱者支援の可能性」『警察学論集』警察大学校編，70（2），3-22.

中村秀郷（2018）「更生保護施設における刑務所出所者等の社会復帰支援で直面する困難性—修正版グラウンデッド・セオリー・アプローチ（M-GTA）による分析から—」『社会福祉学』58（4），89-101.

中村 正（2017）「報告2 犯罪からの社会復帰に必要なものを考える：法と対人援助の視点から」インクルーシブ社会研究，17，21-31.

中谷こずえ・五十嵐弘志・石塚伸一・ほか（2019）「社会復帰を目指す男性受刑者の健康実態：医務受診に関するアンケート調査から」『岐阜保健大学紀要』1，114-119.

日本ソーシャルワーク学会監修（2019）『ソーシャルワーカーのための研究ガイドブック』中央法規出版，179-180.

小畑輝海（2013）「女性更生保護施設『両全会』における出所者等の社会復帰支援の現状と課題」『法律のひろば』ぎょうせい編，66（8），43-50.

岡本潤子・坂野剛崇（2017）「更生保護施設における非行少年の社会復帰支援の実情：職員に対するインタビュー調査から」『帝京大学心理学紀要』21，19-29.

大川弥生（2016）「ICFの概念枠組み」『第1回 社会保障審議会統計分科会生活機能分類専門委員会資料』（https://www.mhlw.go.jp/shingi/2006/07/dl/s0726-7e06-1-01.pdf. 20230314）

佐渡島紗織・吉野亜矢子(2021)『これから研究を書くひとのためのガイドブック ライティングの挑戦 15 週間 第 2 版』ひつじ書房，128-131.

三省堂（2012）「社会復帰」『新明解国語辞典第七版』※電子辞書

小学館（2006）「社会復帰」『精選版日本国語大辞典』※電子辞書

杉野聖子（2019）「事例研究」日本ソーシャルワーク学会監修『ソーシャルワーカーのための研究ガイドブック』中央法規，220-224.

多田庶弘（2010）「刑務所（刑事施設）出所者の社会復帰のための支援－排除社会からの脱却を目指して」『貧困研究』貧困研究会編集委員会編, 4, 118-125.

大修館書店（2011-2019）「社会復帰」『明鏡国語辞典第二版』※電子辞書

俵谷知実・山本彩・久藏孝幸・ほか（2017）「自閉スペクトラム症を背景にもつ犯罪行為者の社会復帰支援にかかわる現状と課題―デルファイ調査における自由記述の分析―」『札幌学院大学人文学会紀要』102, 137-146.

山下康（2011）「神奈川県地域生活定着支援センターの現状と課題――職能団体としての特徴を生かして」『ノーマライゼーション』31 巻 4 号, 22-23.

安田恵美（2017）「拘禁の弊害と社会復帰」『法学セミナー』62(11), 34-38.

矯正施設を退所した障害のある人への就労支援の実態とあり方に関する研究

——SCAT を用いた就労移行・就労定着支援事業所等へのインタビュー分析から

Actual Situation and Means of Employment Support for Persons with Disabilities Discharged from Correctional Institutions: From the Analysis of Interviews with Employment Transition and Employment Placement Support Offices Using the SCAT

鈴木美乃里*　野口晃菜**　熊上 崇***

1　研究の目的

　近年，矯正施設において障害のある人の割合が増加していることが明らかになっている．令和4年版犯罪白書によると，刑務所入所受刑者のうち15.3%，少年院入院者のうち30.0%が，知的障害，人格障害，神経症性障害，発達障害，その他の精神障害があると診断されている（法務省法務総合研究所 2022）．刑事手続きを受ける人の中には，本来であれば犯罪行為をする前に何らかの支援を受けることができた人が多く含まれる．我が国は未だ障害のある人が生きやすい社会とはいえず，障害特性に合った教育，職場環境に出会えず社会構造の中で抑圧を受け続け，人としての存在や価値といった尊厳が守られずに今を生きている人が少なくない．社会において必要な支援を得られずに犯罪をせざるを得なかったのであろう触法障害者に対して，退所後の地域生活を見据えた支援をしていくことが重要である．しかしこれまで，障害のある矯正施設退所者を

*株式会社 LITALICO パートナーズジョブコーチ　**一般社団法人 UNIVA 理事
***和光大学現代人間学部教授

福祉事業所で受け入れる際，どのようなプロセスで受け入れが決まり，事業所内でどのような支援や配慮が行われているかについての研究は行われているのだろうか．

「触法障害者」とされる利用者について，就労移行支援事業所がアウトリーチにより刑務所内の福祉専門官と連携し支援した事例（鈴木・野口・熊上・日向・丹羽 2022）や，「問題行動などが起こっても，近隣への対応などは，私たちが責任を取るというスタンスで，利用者を守るという対応」を行っている事例（鈴木・野口・熊上・神﨑・伊豆丸・松岡 2021），「複数の関係機関が関わって」「チームとしてしっかり情報を共有し，同じ方向を向いて支援」している事例（同）が報告されている一方で，刑事司法から福祉に繋ぐなかで多くの福祉関係者の中には今なお犯罪者に対する拒否感・嫌悪感が強く，門前払い的対応が数多くされる実態も明らかになっている（木村・佐脇 2013）．また，心理的要因に基づく支援と社会的要因に基づく支援の両方が必要とされる矯正施設退所者に対して，支援者スキルの課題があることも報告されている（独立行政法人国立重度知的障害者総合施設のぞみの園 2020）．

瀧川・山崎（2017）は，矯正施設退所者を就労受け入れしている福祉的事業所および企業を対象に，「当事者の就労受け入れをするきっかけとなった出来事や，その時にどういう想いで受け入れをしたか」「当事者が犯罪から離脱し，就労を継続できるためにどのような対応をしているか」についてインタビュー調査を行っている．しかし，受け入れ後の支援のプロセスは明らかになっておらず，また，福祉事業所のネガティブな感情や葛藤は明らかになっていない．

そこで本研究では，触法行為により少年院や刑務所などの矯正施設から退所した人のうち障害のある人の地域生活移行を促進するために，就労系の福祉施設が触法障害者を受け入れる際のプロセスや支援・配慮の内容を明らかにし，今後のあり方について考察することを目的とする．

2　研究の背景：刑事司法と福祉の連携

退所後の地域生活を見据えた支援について，例えば帰住先を確保するための支援や就労先確保の支援がある．平成 24 年，刑務所出所時に適当な帰住先が

なかった人の 52.5% は 1 年未満で再犯になり，帰住先がある人の 34.3% を大きく上回っている．また，保護観察終了時に無職であった人の再犯率（29.8%）は有職であった人（7.5%）の約 4 倍であること（法務省 2014）などを踏まえ，触法者の支援の基盤には居住・就労支援が位置づけられる．しかし，これまでの更生保護における居住・就労支援は，民間の篤志家や宗教家らによる「出獄人」に対する一時的な居住先，就労先の斡旋を核としたものから始まり，更生保護法には援助するのはあくまで「就職」であり「就労」を支えることには言及がないことなどから，緊急的かつ一時的なものに限られてきた（刑事立法研究会 2018: 270）．更生保護法の中で対象者の居住あるいは就労の支援に言及した条文には，支援の調整方法についてあくまで「その者の家族その他の関係人を訪問して協力を求める」とされており，「家族その他の関係人」がいない，もしくは刑事手続きを受けている中で失った人が受けられる居住・就労支援は限られてきたという問題が指摘されている（同）．

　また，退所後の社会復帰支援について，誰のための再犯防止であるのか問う必要も指摘されている．一般福祉による支援は，「再犯防止のために支援対象者を管理統制する手段ではな」く，「本人への更なる負因賦課を回避するための再発防止」である（刑事立法研究会 2018: 37）．森久（2011）は，刑務所が「福祉の最後の砦」としての機能を果たしている問題意識に基づき，「量刑の段階から社会復帰をはっきりと視野に入れた制度構築がなされること」や，「他律的な『社会復帰』や『再犯防止』ではなく，飽くまでも犯罪行為以前には保障されていなかった『人間の尊厳』を回復するための自律的な『社会復帰』へ向けた支援」によって，「『犯罪を行う必要のない人生』へつながることを目的とした手続き」の保障が実現されうるとしている．

　このような実態を踏まえ，近年刑事司法と福祉をスムーズに接続するための施策が打たれている．2009 年から地域生活定着支援事業が始まり，適当な帰住先がない受刑者及び少年院在院者について，釈放後速やかに適切な介護，医療，年金等の福祉サービスを受けることができるようにするため，矯正施設や保護観察所が各都道府県に設置された地域生活定着支援センターと連携する「特別調整」が実施されている．特別調整の対象者は高齢者及び障害者で帰住先がない者で，釈放後の住居がないこと，福祉サービス等を受けることが必要

であると認められること，対象となることを希望していること等がその要件である．また，刑事施設においては，2014年度から，これまでの非常勤ソーシャルワーカーに加え「福祉専門官」という職種が設けられている．5年以上の相談援助経験のある社会福祉士もしくは精神保健福祉士を採用の条件とし，3年の任期で1人ずつ配置している．2015年度以降福祉専門官の増配置が進められており，2020年度には，刑事施設58庁に配置されている（法務省法務総合研究所 2020）．法務省法務総合研究所は，高齢出所受刑者の再入所率について，特別調整対象者の再入所率は7.1%である一方，特別調整対象の条件に当てはまるもののそれを辞退した者の再入所率は46.5%にのぼることを報告している（法務省法務総合研究所 2018）．障害のある人の再入所率は公開されていないが，福祉サービスの利用を介して再入所率が減っていると仮定すれば，障害のある人についても類似の傾向が推測される．このことについては先行した取り組みがあり，効果があがっている報告がある．例えば，アメリカアリゾナ州で行われた研究では，拘禁施設を退所した障害のある少年が専門家の地域移行支援を受けると，再犯率が64%減ることが報告されている（Heather, Sarup, & Brandon 2011）．更に，触法障害者を地域で受け入れる側の福祉施設については，平成30年度障害福祉サービス等の報酬改定において，刑務所出所者等の社会復帰を促すために，訓練系，就労系サービス（自立訓練，就労移行支援及び就労継続支援）の事業所について，精神保健福祉士等を配置又は病院等との連携により，精神保健福祉士等が事業所を訪問して対象者を支援していることを評価する「社会生活支援特別加算」が創設された（厚生労働省 2018）．これらのことから，刑事司法と福祉が連携する仕組みが，まさに現在構築されつつあることが分かる．

　触法障害者の重点的な支援である居住・就労支援について，木村・佐脇（2013）は「経済的に生活保障がされても，社会的な役割が持たされない状態では，『社会復帰した』とはいえない」と指摘する．また，支援の順を居住の次に就労と位置付けても，矯正施設を出所した者が再犯を起こす際は出所直後がもっとも多く（法務省総合研究所 2013），居住や経済的基盤が整う前に再犯に至る可能性がある．

　そこで本研究では，触法障害者の受け入れ経験のある就労系の福祉施設を対

象にインタビュー調査を実施し，就労系の福祉施設が触法障害者を受け入れる際の実態（受け入れの経緯，留意点，課題，支援や連携のポイントなど）を明らかにすることを目的とする．またその上で，より多くの福祉施設にとって触法障害者を受け入れやすくするための方策や，本人の尊厳を回復するための支援方法について考察することを目的とする．

3　研究の方法

（1）研究方法

　支援の具体的プロセスや心理的プロセスを明らかにするために質的研究を選択し，2020年7～9月の間に，1名あたり60分程度の個別インタビュー及びフォーカスグループインタビューによる，オンラインでの半構造化面接を行った．

（2）研究対象

　調査実施当時の著者1,2の所属先が運営する就労系の福祉施設ポータルサイトに登録している事業所のうち，矯正施設退所者の受け入れ経験があるもしくは経験があると思われる事業所に対し，メールで研究への協力を依頼した．そのうち研究に協力できると回答した就労移行支援，就労継続支援A型・B型を運営している事業所11か所全てを対象とした．

（3）インタビューの項目・分析方法

　本研究では，就労系の福祉事業所における触法障害者受け入れ経験について4点をインタビュー項目として設定した．
　ア　矯正施設退所者を受け入れる流れ
　イ　矯正施設退所者を受け入れる際に難しいと感じることや，逆にやってよかったと感じている対応
　ウ　矯正施設退所者の就職や定着支援で難しかったことや，やってよかった対応
　エ　受け入れる際にあったらいいと考えられる行政や関係機関からの支援

（4）倫理的配慮

倫理的配慮として，個人のプライバシーは保護されること，インタビュー調査への協力は自由意志であり辞退をしても不利益にならないことを文書と口頭で説明し，同意される方のみ研究に参加する形式でおこなった．また，LITALICO 倫理委員会へ本研究の実施について申請し，承認を得た（審査結果：承認，承認年月日：2020 年 6 月 17 日，審査番号：20004B）．

（5）分析方法

採取したデータ全部を使うことで実態を取りこぼさないよう分析できること，比較的小規模の質的データにも適応可能であること，手続きが明確で分析の経過が明示的に記述されること，複数の分析結果からさらに大規模な理論へと適応が可能とされていることから，大谷（2019）の質的データ分析手法 SCAT（Steps for Coding and Theorization）を用いた．SCAT は，マトリクスの中にセグメント化したデータを記述し，それぞれに① データの中の着目すべき語句，② それを言い換えるためのデータ外の語句，③ ②を説明するための語句，④ ③から浮かび上がるテーマ・構成概念の順にコードを付していく 4 段階のコーディングと，そこから理論を記述する手続きとからなる分析方法である．理論記述は，ストーリー・ラインからどのような知見が得られるかを考え，その知見を一般性，統一性，予測性などを有する記述形式で表記したものである．本研究では，インタビューの逐語録を SCAT により分析し，理論を記述した．その上で，著者 3 名で理論記述をカテゴリー化し，モデル図を作成した．

4　結果

（1）対象者の属性

インタビュー対象の 11 事業所 12 名が所属する事業所の属性について表 1 に記載する．

（2）分析の結果

SCAT により生成した理論記述を著者 3 名で時系列にグループ分けした．

表1　研究対象者の役職，所属事業所

伏字	法人種別	役職	事業	併設事業	併設事業	法人設立年数	事業所職員数	受入経験人数
A氏	NPO法人	所長	就労継続支援A型	就労継続支援B型	共同生活援助	11年〜20年	21人以上	30
B氏	一般社団法人	所長	就労移行支援	就労継続支援B型	共同生活援助	5年以下	6人〜10人	2
C氏	営利法人	サービス管理責任者	就労移行支援			6年〜10年	6人〜10人	2
D氏	営利法人	所長	就労移行支援			11年〜20年	6人〜10人	1
E氏	営利法人	所長	就労移行支援			11年〜20年	6人〜10人	1
F氏	NPO法人	所長	就労移行支援	就労継続支援B型		11年〜20年	21人以上	20
G氏	NPO法人	所長	就労移行支援	就労継続支援B型		11年〜20年	21人以上	20
H氏	営利法人	所長	就労移行支援			5年以下	6人〜10人	1
I氏	営利法人	マネージャー	就労移行支援			11年〜20年	6人〜10人	1
J氏	営利法人	サービス管理責任者	就労移行支援			11年〜20年	6人〜10人	1
K氏	社会福祉法人	所長	就労継続支援B型			21年以上	6人〜10人	1
L氏	社会福祉法人	所長	就労継続支援A型			21年以上	11人〜20人	50

「利用決定前」・「利用中」・「利用後」に加え，それらを跨る変化を捉えるために「利用前から利用後の変化」のカテゴリーを用いた全4カテゴリーに分類した．以下に，生成された構成概念を [　] で表し，カテゴリーごとの結果を記す．また，理論記述を俯瞰したものとして就労移行支援モデル図を作成した（図1）．

①利用決定前
　ア　受け入れのきっかけと利用決定までの確認事項
　a. 受け入れのきっかけ
　触法障害者を受け入れるきっかけとしては［本人・保護者からの連絡］，［他機関からの紹介］，［定期的な場での紹介］，［国の研究事業］があげられた．
「他機関」には更生保護施設，地域生活定着支援センター，保護観察所，警察，

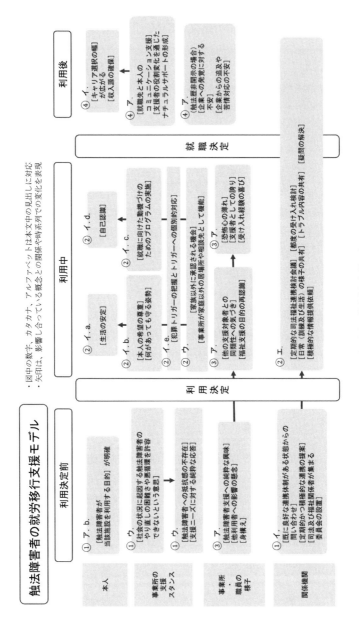

・図中の数字、カタカナ、アルファベットは本文中の見出しに対応
・矢印は、影響し合っている概念との関係や時系列での変化を表現

図1 触法障害者の就労移行支援モデル

福祉施設，「定期的な場での紹介」としては，自立支援協議会での紹介があった．

b. 利用決定に至るまでの確認事項

利用決定に至るまでに事業所が確認する事項としては［触法障害者が当該事業所を利用する目的］が明確であるか，［再犯可能性］はどのくらいあるか，［当該事業所以外の行先］があるかどうか，の3点があげられた．

イ　受け入れ時の関係機関との連携

受け入れ検討期については，事前に関係機関同士が本人の支援の中の位置づけを確認し丁寧に紹介した事例などから，［既に良好な連携体制がある状態からの問い合わせ］であると［受け入れ決定へのハードルの低さ］や［連携開始への安心感］に繋がっていることが明らかになった．一方で，少年院の出院条件にある「出院前に日中活動が決定している状態」は，事業所の利用調整の流れに合わず，退院調整のタイミングが難しい．福祉施設から刑事施設関係機関に対しては［定期的かつ積極的な連携の提案］や［福祉支援活用の促し］，［司法及び福祉関係者が集まる委員会の設置］などの働きかけを行うことで，両者の関係構築及び関係維持，それを土台とした連携依頼の増加に繋げていた．関係機関の連携体制が，受け入れの判断やスムーズに支援を開始できるかに影響を与えていた．

ウ　受け入れ時の支援者の触法障害者へのスタンスの影響

受け入れ依頼を受けた支援者の［触法障害者への抵抗感の不存在］や［支援ニーズに対する純粋な応答］には，［社会の状況に起因する触法障害者のやり直しの困難さや悪循環を許容できないという意思］，［触法行為を凌駕する精神障害者特有の困難さの経験］や［自分事としての認識］，［類似行為者の支援経験や触法歴を上回る対象者の困りごとへの注目］が影響していた．受け入れ検討期の支援者のスタンスは受け入れをスムーズに進める一つの要因となっていた．例えば「一歩間違ったらやっぱりそういう犯罪すれすれのとこでやってる人もいるし．やりたくてやったじゃないけど，そういう方もいらっしゃるので，あんまりそれ（触法をされたかどうか）に対してはこだわってはなかったです」（A氏，就労継続支援A型ほか）という回答があった．

②利用中

　ア　利用決定後の事業所内の工夫

　受け入れ時には［スタッフ自身への危険性の不安］が，［本人像理解促進の困難さ］に繋がる．それに対し，管理者がミーティングなどで他の利用者との違いのなさを繰り返し伝えたりするなど，スタッフ間では［個別具体的な情報の繰り返しの共有］や［触法歴以外の本人情報への注目の促し］を行っており，事業所内では［触法障害者支援における事業所内ルールの整備］や［リスクの予測と具体的な対応方法の調整］，［経験の少ないスタッフの不安や葛藤の可能性への理解の上での同僚の意見への傾聴機会の創出］を行っていることが語られた．警戒感の継続があっても，事業所内で丁寧なコミュニケーションが行われることにより［触法歴の認識変化による対応範囲の増加］や［積極的な関わりを通じた触法障害者支援の模索］に繋がっていた．

　イ　事業所利用中の本人への支援

　a. 生活の安定

　本人への支援として，土台に［生活の安定］が必要であることがあげられた．就労支援のみを実施している事業所については，相談支援事業所等と連携をすることで生活面のサポートができるよう役割分担をしていた．また，語りの中では「夜中に寒くて目が覚めて切っちゃうんですよ，って．（エアコンを）切ったら切ったで数時間後に暑くなって目が覚めるんですとかあったんで，何度でつけてるのって言ったら21度でつけてます，とか言うからそれはちょっと寒くなるね，とか，そんなやりとりとかはしてますね」（I氏，就労移行支援）といった［日常の困りごとに関する相談への回答］が日常生活の安定と信頼関係の構築に繋がっていた．

　b. 信頼関係の構築

　「『俺なんか居場所ねえんだよ』っていうふうにふてくされてきたんですけど，『大丈夫だよ』って話とか，そこでちゃんと何だろうある程度，『いやいやちゃんと信頼してるよお前のこと』，っていう部分でちゃんとできるんじゃないのっていうところを伝え続けてきたっていう部分ですよね」（B氏，就労移行支援ほか）という語りにあったように，帰住先がなく「捨てられた」と感じる経験の多い触法障害者には，特に［本人の希望の尊重］や［何があっても守る姿勢］を持って接することが本人との信頼関係の構築に繋がっていた．多くの事

業所は支援方針に関する会議や家族面談において本人が同席していた．本人が同席することにより，見守られている安心感や大切にされている実感を得られたり，本人の方針へのコミットメントや今後への見通しを持たせることができたりしていた．

c. 働くための動機づけ

就労を見据え［就職に向けた動機づけのためのプログラムの実施］が行われていた．

d. 自己認識を高める

「（事業所内のコミュニティに）完璧主義の会っていうのがあって．それで何かその自分のこだわりの強さとか，そこで改めて自覚したのかなとは思いますね．そういう何か自己理解みたいなことはやってたかなと」（E氏，就労移行支援）という語りがあったことから，［利用者が主体となり活動する機会］での［自分と似ている特徴のある利用者同士との会話］や，企業実習など［本人が自ら必要なスキルの必要性を実感できる工夫］を通して［自己認識］を高める支援が行われていることが分かった．

e. 再犯防止のための支援

上述したa～dの支援については触法歴のない障害者についても当てはまる支援であったが，触法障害者に対しては加えて［犯罪トリガーの把握とトリガーへの個別的対応］，［犯罪防止学習］，［本人の再犯意向の確認］，そして［将来の希望の確認］といった再犯防止のための支援がされていた．ある就労継続支援事業所においては，窃盗の罪歴がある利用者が手元にお金がないことが不安につながり犯罪のトリガーになることを把握した上で，工賃を月払いではなく，毎日払うという個別的な対応をしていた．また，ある就労移行支援事業所においては，定期的な本人との面談の際に，将来どのようになりたいかの希望を確認しつつ，本人の再犯意思を合わせて確認していたとの回答があった．

ウ　家族との関係性への支援

家族との関係性への支援については「お母さんに対して認めてもらいたいっていう思いが強い分，攻撃的になったり．裏腹なんですよね．それを通訳したりお母さんの思いをご本人に伝えたり，ご本人の思いをお母さんに伝えるとか」「ご本人が家族以外の人からでもしっかりと認めてもらえるっていう経験って

いう意味では，私たちの役割，そういうところもあるのかなっていう」（G氏，就労移行支援ほか）という回答が得られた．また，本人が家族との関係性を修復することを希望していても［家族の拒み］があることについても語られた．その場合は［家族以外に承認される機会］を設定することが有効であるとされていた．また，［利用者本人と家族の意向の違い］や［家族とのトラブル］があったりした際に家族との関係性への支援が必要とされていた．それらに対しては，［本人を交えた会議］の場で［本人の思いを全員で聞く］ことがあげられた．その他にも，［事業所が家庭以外の居場所や相談先として機能］することがあげられた．

　エ　利用中の関係機関との連携

　支援開始後の関係機関連携においては，［定期的な司法福祉連携検討会議］と［都度の受け入れ検討］とが状況に応じて使い分けられていた．主な会議内容としては，［日常（訓練及び生活）の様子の共有］や［トラブル内容の共有］，［疑問の解決］（再犯可能性，企業への触法歴開示有無について）が挙げられた．対象者を紹介した紹介元との連携においては，［積極的な情報提供依頼］をすることがスムーズな支援に繋がっていた．対象者の支援を自事業所で抱え込むことなく関係機関で役割を分担することの重要性も語られ，鑑別所や弁護士会など司法関係機関がアセスメントを担ったり，計画相談と生活支援の連携をしたりしている事業所もあった．

　③利用前から利用後の変化

　ア　支援者の感情の変化

　受け入れ検討期の支援者の感情としては，［触法障害者支援への純粋な興味］という回答があったと同時に［他利用者への影響の懸念］や［被害者と自分が同性であることからの怯え］，［身構え］などがあった．それらは，対象者を受け入れることによって［他の支援対象者との同類性への気づき］や［福祉支援の目的の再認識］を通じ［触法者受け入れに際する心構えの変化］，［恐怖心の薄れ］へと変化し，［支援者としての誇り］や［受け入れ経験蓄積への希望］，［受け入れ経験の喜び］につながると語られた．

　「多分，そういう経験（触法障害者を受け入れる経験）を重ねていくっていう

んですかね．私達もそういうところがあるんですけど，経験を重ねていくっていうところは，職員にとっても安心の材料になるし自信にもなるし，やっぱり，触法の人，じゃなくて，やっぱりたまたまそういう，彼の特性とか，生きづらさからそういう行動に出て，それが結果，その触法になったっていうところにつながるとやっぱりここの職員の勉強に，勉強っていうかなんですかね，職員もその後に成長している感じはします」（G氏，就労移行支援ほか）と語る事業所もあったように，不安や怯えなどの感情が支援を経て薄れ，前向きな考えに変化する可能性が見られた．

　イ　受け入れ後の事業所の変化

　受け入れ開始当初は，［関わりの不存在］や［本人像の見えづらさ］から罪名による偏見に繋がりやすいが，支援を開始し［生活状況の視察を通じた本人像への注目や探索］，［同僚間での触法障害者への認識のすり合わせ］を通じて，［他の利用者との類似性］に気づくと変化が現れた．さらに早期に福祉や医療，教育が連携し環境を整えることが当たり前になれば目の前の本人は触法行為をしなくてもよかったのではないかという［触法に至る状況への着目］，［家族の受け入れ拒否による生活基盤の選択肢の少なさや社会的介護ニーズの高さについての知見の獲得］，［支援の困難さへの理解］が起こると［触法歴ゆえの不安や葛藤の不存在］，［触法歴による偏見の払拭］につながっていた．事業所においても，支援を経ることで本人の置かれた状況への理解が深まったり偏見が払拭されたりする変化が見られた．

　ウ　関係機関との連携方法の変化

　関係機関連携における支援者会議について，受け入れ検討期から［受け入れノウハウ習得期］は定期開催されることが多く，［関係者の顔合わせ］や［再犯可能性の確認］，［自事業所が受け入れ未経験であることの事前共有］がなされている．［受け入れノウハウ獲得後］は都度開催になるなど状況に応じて支援者会議の開催形態は流動的であった．

　④利用後

　ア　企業への共有・連携

　就職先への触法歴の開示については，就職支援において特に支援者が不安を

感じる箇所であり，通知義務はないという事実を認識して非開示を決めたとして
も，「想定されるのは，支援機関にそれを知っていたか，把握してたか否か
を追及すると思うんですね，企業としては．企業からしたら，紹介してるみ
たいな感じで思われるので，就労移行って．なので，何か紹介してるのに知っ
てたのか把握しているのかなんで言わなかったのかみたいな，企業からのクレ
ームになるのが，ちょっと，なんというか，起きたら大変だなあと思ってまし
た」（E氏，就労移行支援）という語りにあったとおり，［企業への発覚に対す
る不安］や［企業からの追及や苦情対応の不安］が存在する．企業との連携で
は主に「間で通訳して何度も話し合い」をしたりするなど，［就職先と本人の
コミュニケーション支援］に重点を置いていた．

　イ　就労定着・再犯防止

　就職先において［キャリア選択の幅］が広がることや［収入源の確保］，［支
援者の役割変化を通じたナチュラルサポートの形成］が就労定着や再犯防止に
繋がっていた．

5　総合考察

　本研究では，就労系の福祉施設が触法障害者を受け入れる際のプロセスを明
らかにし，福祉施設にとって触法障害者を受け入れやすくするための方策や，
本人の尊厳を回復するための支援方法について考察することを目的とした．触
法障害者の就労移行支援モデル（図1）でまとめた理論記述について時系列に
沿って考察する．

（1）本人への福祉サービス利用開始支援について

　刑事司法と福祉との連携と一口に言っても，一方的に本人に情報提供をした
り事業所に連れていくだけではなく，事前に関係機関と本人への伝え方を考え
たり一緒に面談を実施したりする事業所があったことから，利用決定に至るま
でに事業所が［触法障害者が当該事業所を利用する目的］が明確であるかを確
認していることが明らかになった．伊豆丸（2014）は福祉の専門家が特別弁護
人として法廷に立つ事例において「拘置所等での接見時間が確保できず充分に

福祉の説明ができなかったため，福祉に対する理解が深まらないまま支援を拒否し実刑となった対象者」について説明している．本人に関わる支援者が福祉制度の選択肢を理解し，選択の支援を行うことが重要であるため，入所中に本人に関わる福祉専門官や出所に関わる保護観察官・保護司が福祉サービスについての知識をもち利用につなげる支援を行うことや，矯正施設入所中から面談や見学・体験機会を設けることなど，直接本人に充分に情報提供を行ったり利用に関する質問を受けたりすることができる仕組みが重要であると考えられる．

（2）関係機関連携の目的および連携方法について

　木村・佐脇（2013）は触法障害者の支援をする地域生活定着支援事業展開のためには関係機関のネットワークが重要であると示している．本調査では，受け入れ検討期に［既に良好な連携体制がある状態からの問い合わせ］があると，就労支援施設側の［受け入れ決定へのハードルの低さ］や［連携開始への安心感］に繋がることが明らかになった．

　多（他）機関連携においては，相互理解・情報共有が重要となる（服部 2021; 長谷川・高石・岡村・中野・草平 2016）ことから，関係構築の段階では，触法者ケースにおいて連携できる関係機関の知識や，他事業所の事例・頻度や形式などを共有することが考えられる．また，関係の維持・発展段階では，既存の連携場面における触法ケースの相談・共有，無理なく形式に縛られすぎない連携方法の確立が必要である．

（3）支援者や事業所のスタンス・感情について

　受け入れ前は「懸念」「怯え」「身構え」などがあった支援者も，受け入れの経験を経て「他の利用者との同類性に気づいたり」「支援の目的を再確認したり」「恐怖心が薄れたり」し，支援がうまくいくと，「誇り」や「希望」「喜び」に繋がることが明らかになった．これは，受け入れ経験人数が増えることと受け入れ意向が高くなることに関係が見られた調査結果（瀧川・山崎 2017）を支持する結果であったといえる．本研究では，受け入れ経験を経ることで「本人像への注目」「同僚間での触法障害者への認識のすり合わせ」が「他の利用者との類似性の気づき」「ニーズの高さについての知見」などを媒介し，「恐怖

心の薄れ」「受け入れ経験の喜び」に繋がることが明らかになったため，受け入れ前・中に支援者の不安を減らし，それらを得られる機会を設けることができれば，受け入れハードルを下げる一助となる可能性がある．触法者支援に取り組む支援者を支える仕組みとして，支援者育成場面にて触法行為のある利用者のケース・支援方法について積極的に扱っていくことが有効であろう．また，触法者と関わっている最中には，リスク対応マニュアルの作成と運用，触法者支援に関わる諸知識の共有，不安の聞き取りと対応検討機会の設定など安心して支援開始できる仕組みの構築や，支援者の相談先の確保，関係機関連携といった安心して支援継続できる仕組みの構築，ケース検討や支援を振り返る機会の設定など成熟機会の設定が考えられる．

（4）触法者特有の本人への支援について

　本人への支援については，他の利用者と同じ支援がベースにあったが，触法者特有の背景から，生活面に関して丁寧に助言を行うことや，これまで他者と信頼関係を構築することが難しかった方との関係構築，就労の動機付け，再犯防止のための支援など，ケースによっては就労支援以外の支援の比重が大きくなる場合があることが明らかになった．そのため支援者に対しては，家族・友人関係や経済状況，障害特性などが触法に至る背景にあった可能性や，人間関係の断絶や社会から隔絶された期間の保持など受刑によって経験することなど知る機会があると，より的確なアセスメントや支援方針を決める際に役立つと考えられる．就労支援以外の支援の比重が大きくなる場合は，他機関と役割分担をすることが必要である．また，実際に受け入れた際に犯罪リスクへどのように対応するかについては事前に関係機関と相談し対応を検討したり，マニュアルや研修を準備しておいたりすることで触法者特有の支援に対応することができるであろう．

（5）就労定着の支援の際の触法歴の開示有無と支援方法について

　就職先に触法歴を開示するか否かの判断は，特に就職後に露見した際の対応方法について支援者が大きく不安を感じる部分であった．これは，「司法から福祉」の連携の次にある「福祉から社会」の繋がりとして重要な部分であると

考えられる．触法歴を開示もしくは露見した際に企業から追及される理由として考えられるのは企業のリスクマネジメントの観点からの可能性があるため，再犯トリガーへの対処方法を企業に伝えていく支援が必要になる場面も考えられる．しかし，福祉における触法障害者支援の目的に立ち返れば，再犯は，「支援を通じて改善を目指していた社会的孤立」が「深化し，本人の生きづらさが強化されることにつなが」るため，支援対象者本人の生活にとっての支障と捉えることができる（刑事立法研究会編 2018: 37）．［支援者の役割変化を通じたナチュラルサポートの形成］を目指した［就職先と本人のコミュニケーション支援］に重点を置いた支援を行っていくことが重要である．

（6）就労継続による効果（本人の QOL 増，再犯減）

　［キャリア選択の幅］が広がったり［収入源の確保］ができたりすることで，結果的に犯罪を繰り返さない生活につながっていることが明らかになったことから，触法者支援において就労支援が重要であることが改めて示唆された．また，就労継続もしくは一般就労への準備をする中で，他者と信頼関係を築く経験や，家族との関係性への支援を受けること自体が，触法行為に至った生きづらさへの支援として機能している可能性がある．刑事司法と福祉が連携するにあたり，福祉は「柔らかな保安処分」のなり手や「刑事司法の下請け機関」になってはならないという警告もある（刑事立法研究会編 2018: 4）．ソーシャルワーカーは，刑事司法から福祉につなぐ際，あくまで本人の生きづらさへの支援を軸として支援および関係機関連携を展開していくことが求められていると考えられる．

6　最後に

　日本が 1979 年に批准した「市民的及び政治的権利に関する国際規約」（国際人権規約 B 規約）は，第 7 条「何人も拷問又は残虐な若しくは品位を傷つける取扱い若くは刑罰をうけない」と並び，第 10 条で「自由を奪われたすべての者は，人道的にかつ人間の固有の尊厳を尊重して，取り扱われる」と規定している．

　インタビューの中での「『俺なんか居場所ねえんだよ』」という当事者の言葉や「彼の特性とか，生きづらさからそういう行動に出て，それが結果，その触法になったっていうところにつながる」と語られた言葉に見てとれる通り，触法障害者は，第一に，障害者という観点から生来社会構造の中で尊厳を守られてこなかった可能性が高い．また土居（1997）は，日本の行刑の前提条件として「被収容者の広汎な権利制限」を挙げ，日本行刑の課題として「『人間としての尊厳』を原則とする新たな処遇体制の確立と監獄法の改正」を主張している．触法障害者は第二に，刑罰を受けたという観点からも一度自由を奪われており，二重の意味で尊厳を剥奪されていると考えられる．触法行為を行う前に社会において必要な支援を得られずに犯罪をせざるを得なかったのであろう触法障害者に対して，剥奪されてきた人権を回復させ，受刑後も保障していく仕組みを構築する必要がある．

　本研究を通して，就労系の福祉施設が触法障害者を受け入れる際の実態について，支援者の葛藤や対応の難しさを含めて明らかになった．就労支援の本質は同じものであったが，触法者特有の支援ポイントも明らかになったため，特に生活面に関する丁寧な助言，信頼関係の構築，就労の動機付け，再犯防止のための支援などに重点を置きながら，就労，ひいては地域生活移行の先にある人間の尊厳の回復を促進するために，考察で得られた社会の仕組みを整えることが重要である．

7　本研究の限界

　本研究は受け入れ事業所の視点からの考察であったが，触法障害者本人の視点からどのような支援が望ましいか，どのような支援があれば地域生活移行を促進するのか，本人の視点を入れたインタビュー調査・研究を現在実施中である（鈴木・野口・熊上・日向・丹羽 2022）．

　［引用文献］
　土井政和（1997）「『国際化』の中の『日本型行刑』」『刑法雑誌』37（1），25-39.

独立行政法人国立重度知的障害者総合施設のぞみの園（2020）矯正施設を退所した女性の知的障害者等の地域生活の支援に関する調査研究事業．令和元年度 生活困窮者就労準備支援事業費等補助金社会福祉推進事業．

長谷川真司・高石豪・岡村英雄・中野いく子・草平武志（2016）「多職種・多機関連携による触法高齢者・障害者の地域生活支援の現状と課題 A 県 B 地域生活定着支援センターの事例から」『山口県立大学学術情報 第 9 号 社会福祉学部紀要』22，125-133.

服部達也（2020）「少年院出院後の『居場所の確保』のための支援の在り方についての一考察　少年院と関係機関の連携の在り方と現状の分析を中心として」『社会安全・警察学』7, 103-113.

Heather, G. C., Sarup, R. M., & Brandon, H.（2011）Transition Services for Juvenile Detainees with Disabilities: Findings on Recidivism. *Education and Treatment of Children, 34*（*4*）, 511-529.

法務省（2014）https://www.moj.go.jp/KANBOU/KOHOSHI/no44/2.html（最終閲覧日 2021 年 12 月 23 日）

法務省法務総合研究所（2018）『平成 30 年版 犯罪白書——進む高齢化と犯罪』昭和情報プロセス株式会社．

法務省法務総合研究所（2020）『令和 2 年版 犯罪白書——薬物犯罪』昭和情報プロセス株式会社．

法務省法務総合研究所（2022）『令和 4 年版 犯罪白書——新型コロナウイルス感染症と刑事政策　犯罪者・非行少年の生活意識と価値観』昭和情報プロセス株式会社．

伊豆丸剛史（2014）「刑事司法と福祉の連携に関する現状と課題について——長崎県地域生活定着センターの"実践"から見えてきたもの」『犯罪社会学研究』39, 24-36.

刑事立法研究会編（2018）『「司法と福祉の連携」の展開と課題』現代人文社．

木村隆夫・佐脇幸恵（2013）「高齢・障害犯罪者の社会復帰支援策の現状と課題」『日本福祉大学社会福祉論集』128, 83-113.

厚生労働省（2018）「平成 30 年度障害福祉サービス等報酬改定の概要」

森久智江（2011）『触法障害者に対する新たな刑事司法手続と一貫した社会復帰支援に関する比較研究』平成 24 年度科学研究費助成事業（科学研究費補助金）研究成果報告書，立命館大学．

大谷 尚（2019）『質的研究の考え方——研究方法論から SCAT による分析まで』名古屋大学出版会．

生島 浩編（2017）『触法障害者の地域生活支援——その実践と課題』金剛出版．

鈴木美乃里・野口晃菜・熊上 崇・神﨑寛明・伊豆丸剛史・松岡拓朗（2021）『矯正施設を退所した発達・精神障害等がある人への就労支援——就労移行・就労継続事業所

の実践から」『犯罪心理学研究』59, 特別号, 232-241.

鈴木美乃里・野口晃菜・熊上 崇・日向洋平・丹羽康治（2022）「障害のある強制施設退所者の出所後の地域移行支援の在り方を考える──精神疾患のある A さんを中心とした司法・福祉, 医療の連携実践から」『犯罪心理学研究』60, 特別号, 185-192.

瀧川賢司・山崎喜比古（2017）犯罪に至る前後の知的障がい者の支援に関する研究. 公益財団法人 日工組社会安全研究財団 2016 年度一般研究助成 研究報告書.

事例研究

息子の非行が母親の人生に及ぼす影響
——非行・犯罪歴がない母親とある母親の比較分析

Effect of Son's Delinquency on Mothers' Lives:
A Comparative Analysis of Mothers without and with Delinquent and Criminal Histories

藤野京子 *

1 研究背景

　非行少年にとって，保護者に支えられることは社会復帰を促進するとされている．しかし，中には支援に消極的であったり，立ち直りに資する働きかけを十分に行えずにいたりする保護者が存在する．その保護者の実態を明らかにすることは有用であろう．

　再犯リスクに影響を及ぼす非行少年と保護者との関係性は変わりうると法務省式ケースアセスメントツール MJCA では位置づけられており（西岡 2013），その関係調整に向けて，非行関連諸機関は，少年のみならず，保護者への働きかけも行っている．専門家がいかに保護者を理解するかや接し方についての知見が蓄積され（例：法務省保護局観察課 2017, 生島 2014），一言で保護者といっても一様でないことから，保護者の問題解決状況や関わり方の類型別に論じられたりもしている（例：佐々木 2004）．法務省保護局（2018）は保護者のためのハンドブックを作成して保護者の適切な少年への接し方を示すことで支援する活動を行ってもいる．ただしこれらは保護者が非行少年の支援を引き受けることを前提とした働きかけと言える．

　我が子の非行に対する保護者の受け止め方や対応は，時間の経過に伴い変容

＊早稲田大学文学学術院教授

する．たとえば冨田他（2014）は，少年の処遇の流れという時間軸による保護者側の変容として，保護者が子どもの少年院出院時に抱く不安と出院後6か月後実際に直面した問題に違いがあることを示している．

　親側の内面の変化に着目した先行研究もある．子どもの障害に対する親の心の軌跡について，ショック，否認，悲しみと怒り，適応，再起といった順で反応が現れるという Drotar et al.（1975）をはじめとする障害受容の段階モデルは福祉分野で広く知られているが，非行少年を抱える家族の自助グループの語りを参与観察し分析した北村（2018）も，参加者の語りが「非行に巻き込まれる語り」「非行をとらえ直す語り」「非行を受け止める語り」に移行するとしており，その自助グループ参加者にインタビュー調査をした廣井（2013）は，我が子の異変に気づいてからその子どもや自身を受容するまでのプロセスを検討している．それぞれの時期によって適切な支援，不適切な態度が異なる（上田 2020）ことから，いずれの時期の親に接しているのかを意識することは大切であるが，このような親の変容は，親側の視点に立たないと見過ごされやすい．

　千田（2005）は，私が何者であるかという感覚であるアイデンティティは自己に属する一方，他者が私を何者であると名指しているか，他者との関係で自分がどのような者として立ち現れてくるかというポジショナリティは他者に属するとしている．つまり，公的機関等は非行少年が立ち直るような働きかけを保護者に期待するものの，保護者自身はそれを自己に属するものとして引き受けるとは限らない．公的機関等からの働きかけに従っているように見える場合でも，他者関係とは相手の期待を意識しながら展開しがちであり，相手の是認を得るべく Goffman（1963）の概念でいうところの印象操作にとどまっていることもありうる．

　さらに，人は多様な役割アイデンティティを行き来しながら日常生活を送っている（深谷 2016）．非行をした子どもの保護者にも，その子ども以外との人間関係があり，我が子の非行への対応以外のさまざまなことにも関わりながら，毎日を過ごしている．多様な役割アイデンティティを持ちうる保護者にとって，我が子の非行をいかにとらえているかを明らかにすることは，非行をした子どもをもつ保護者の理解につながろう．

2　本研究の目的

　本研究では，非行をした息子の母親がその人生において，息子の非行をどのようにとらえ，それが時間の経過の中でどのように変容して今日に至っているかを母親自身の視点から明らかにすることを目的にした．我が子の非行に対するとらえ方は，母親自身の非行や犯罪への態度が影響すると想定されることから，非行・犯罪歴がない母親とある母親の双方について検討することにした．非行抑止の観点からは非行が収束すればそれで終結することになるが，母親の人生自体はそれ以降も続くことから，収束して以降の受け止めについても取り上げることにした．

3　調査方法

（1）調査対象者

　「親になる」ことによる人格発達は父親よりも母親の方が著しく（柏木・若松 1994），加えて，非行少年の中には単親家庭出身の者も少なくなく，その場合母親が保護者であることが多い．また，非行をした後の生活への影響の仕方には性差があろうこと，加えて，母息子関係と母娘関係とではその関係性が異なると想定される．そこで，本研究では，息子が非行をした母親を調査対象者とした．

　調査対象者は調査時 50 代の女性 2 名 A,B．いずれの息子も 10 代で非行をしたものの，すでに成人に達しており，成人になって以降の犯罪歴はない．

　A は非行・犯罪歴がなく「非行」に向き合う親たちの自助グループの参加者であった．

　B は刑務所を出て更生保護会に在所中で，若いころヤンキーだったと語る者であった．

（2）調査時期

　A の調査は 2019 年 11 月に実施．筆者は，「非行」に向き合う親たちの自助

グループの代表者に研究目的を伝え，自助グループに1年間参加した後，その代表者を介して研究協力の募集を行った．募集に際しては，家族の支え・協力があると非行少年や犯罪者が立ち直りやすくなると言われている一方で，非行や犯罪に走った者の立ち直りを支援する余力が家族にあるとは限らない場合もあり，その実態を明らかにすることを目指す研究であり，家族成員の中に非行をした者がいる成人女性を対象として2時間程度筆者が面接調査を行うという研究概要を説明した．

Bの調査は2021年5月に実施．筆者は，更生保護会で改善更生のための働きかけをボランティアで行っており，本研究への協力については，同会の職員を介して，上記研究概要の説明に加えて，参加しなくても同会の処遇には影響しないことに言及し研究協力の参加の意思確認を依頼した．面接調査は，筆者がBに対して半年ほど働きかけた後に行った．

(3) 調査内容

上記研究概要を再提示した後，筆者が尋ねることに関連して思いつくことを自由に語ってもらえばよく，語りたくないことを語る必要はないことを伝えた．調査では，①息子の非行の概要とその後の経過，②息子に対する自身のとらえ方や働きかけの変遷，③息子が非行をしたことをめぐって自身がどのように変わったか，を中心に語ってほしいと伝えた．これらの語りを終えた後，自身が出生してから調査時までの感情曲線（プラスが快，マイナスが不快を示す）を描いてもらった．

(4) 分析方法

調査時の語りはICレコーダに録音された語りを文字起こしし，(3) 調査内容に記載した①〜③に相当する内容別にまとめた．その際，息子が非行をするようになったことで，その息子以外の人との関係を含めてそれまでの生活がどのように変わったかや非行をした息子やその母親に対する周囲の反応についてどのように認識しているかも含めた．これらの内容について，感情曲線に示された感情を確認しながら分析を行った．

(5) 倫理的配慮

　本研究は早稲田大学「人を対象とする研究倫理審査」から承認（2018 年 10 月 25 日，承認番号 2018-217）を得ている．調査時，調査実施の同意に加えて，語りを IC レコーダで録音すること，プライバシーの保護に最大限配慮するならば得られた情報を専門の学会や学術雑誌などに発表してよいかについての意向を尋ね，書面での同意を得た．また，これらの同意は調査終了後 1 か月以内に撤回してもよいと伝えたが，その申し出はなかった．また，本稿の記述に際しては，プライバシー保護の観点から，特定化につながる恐れがある事件の詳細，職歴を含む生育歴，家族情報等について，事例の論考にあたって支障がない範囲で割愛して記すことに留意した．

4　結果

(1) 事例 A：非行・犯罪歴がない母親

　①感情曲線に示された人生ストーリーの概要

　出生時は 0 で子ども時代は若干マイナス．学校卒業以降あたりからプラスに転じ，結婚して子どもの出産時までうなぎ上り．長男の非行で一挙にマイナスになり，どん底．以降波はあったものの，しばらくしてプラスに転じ，調査時点は出産時と同程度にプラス．

　②調査で語られた内容

　ア．息子の非行の概要とその後の経過

　家族は夫，本人，長男，2 歳下の次男．長男が中 1 の 1 学期の中途から不登校になり，夏休み明けから荒れ始め，2 学期の途中からは全く登校せず，非行をするようになった．中 3 時，仲間と一緒に不良行為を行った件で少年院送致処分になった．少年院仮退院後，仕事に就き，再非行・再犯はない．調査時点では，実家を離れ，恋人と一緒に生活している．

　イ．息子に対する自身のとらえ方や働きかけの変遷

　a．問題行動発生当初

　長男の非行だけでなく続けざまに次男も不登校になり，追い打ちをかけられた感じだった．なんとか引き戻さなければと思っているのに，息子たちが自分

の心から離れて手の届かないところに行ってしまった感じで，訳が分からなかった．しっかり育てられなかった自分を責めた．この時期が気持ち的に一番大変だった．

　長男の非行はエスカレートし，中2のころにはよその学校に殴り込みに行ったりして，警察から何度も連絡が入った．在籍校にも迷惑をかけ，学校に足を運ぶはめになったが，次第に学校に行くのが恐くなってしまった．そうした自分を先生も気遣って，家まで来てくれたこともある．どうすることもできないと無力感に打ちひしがれた．自分に育てられなければ，息子たちは幸せになれたのではないかと思ったし，一生こんなだったらどうしようという不安が消えなかった．

　非行等をする子どもの親の自助グループに参加し始めて少し経ったころ，長男は少年鑑別所入所となった．少年鑑別所在所時は毎日面会に行った．審判で少年院送致の処分が下されたが，抗告，再抗告をした．認められないだろうと思いながらも，好きで少年院にやったんじゃないと息子に分かってほしくて最後まで戦った．

　b．少年院仮退院以降

　少年院出院後，仕事に就くようになった長男を見て，自分の考え方が変わっていった．ある時，長男が地元の不良から暴力を振るわれ大怪我をした．その際息子は，翌日の仕事ができなくなったと咄嗟に思って職場に連絡し，職場の人たちが救急搬送の段取りをつけてくれた．母親である自分が最初に思い浮かばなかったことにさみしさを感じる一方，こうした危機の時にまず仕事のことを考えたとは社会人として頼もしいと思った．

　その翌日，怪我で仕事を休んでいると知った友人が遊びにきた際，片手は怪我していないから友人のバイクの後ろならば乗れると言って，怪我でパンパンに腫れている頭に無理にヘルメットをかぶせて出かけていった．その様を見て，こんなにエネルギーのある子を自分の小さな物差しで測るのは失礼との考えが浮かび，これ以上自分を責めなくてよいと思うようになっていった．

　被害者に謝罪や弁償はしていたものの，少年院送致理由の一つに親の監護能力がないことが挙げられていた．けれども十分教育してもらえたとは感じていない．ほかの親も交えた保護観察所での読書会は勉強になったけれど，保護観

察終了と共に，その会への参加権限もなくなった．

ウ．息子の非行をめぐっての振り返りと現状

この世から消えたいと思いながらも，なぜか生き続けてきた．責任感が結構強く，しなければいけないことを終えてからなどと思って先延ばしにしてきた．最近家を片付けていたところ，当時消えるために用意したロープが出てきたけれど，もう使う必要はないと思って捨てた．ただ，今でも犬の散歩で息子たちの中学校の前を通るとドキドキする．また，よそのお母さんはできるのに私にはできないという劣等感が今でもあり，これは一生持ちながら生きていくのだろうと思っている．それと，中学時に非行をしていなければ，長男は危険と背中合わせの体力勝負の仕事に就かずに済んだのではないか，いつまでこのような仕事を続けていけるのかと心配してもいる．次男は夫の後押しもあり，高校からは不登校でなくなり，浪人はしたものの現在大学生で，大学院進学後は不登校の経験を活かして教師になりたいと言っている．息子たちは学校に行かず家で一緒にオンラインゲームをしていたし，長男の施設入所中，長男の友人への連絡を次男は頼まれたりしていて，次男の不登校に長男のことが影響しているだろうと思っている．しかし，そのことについて次男と話し合ったことはなく，自分としては未だにはっきりとは分からない．

当時を振り返ってみて，もうちょっと違ったやり方があったかと思いつつも，あの時なりに最善と思って一生懸命やっていたので，しょうがないととらえている．かつての自分は，長男の人生をコントロールしようとして長男にのしかかった感じだったと思うけれど，このことは経験しないと学べなかった．

周りに助けてくれる人はいっぱいいたのだろうが，自分のプライドが邪魔をして，助けてと言えなかったように思う．自分はPTA活動などもしっかりしていて，長男の生活が崩れ始めた中1時もPTAの役員を引き受けていて，途中で辞めるわけにもいかず全うした．周りの保護者から面と向かって長男の非行について言われたことはない．PTAの役員を辞めて以降，そこで親しくしていた人とスーパーで会っても挨拶程度で，その状態は未だに続いている．相手は何とも思っていないだろうけれど，どう見ているのだろうなどと勝手に恐くなって，挨拶以上には接しないというオーラを自分の方で出していると思う．

たしかに校長からは長男を学校に引き取れないと言われたけれど，教員は審

判時に立ち会ってくれたし，中学卒業後も少年院の面会に行ってくれたなど良くしてもらったと思っている．夫は，息子たちが幼いころは旅行に一緒に行ったりしたけれど，長男が荒れ始めたころは仕事が忙しく，家には寝に帰るだけの生活だった．とはいえ，長男のことで学校の先生が家庭訪問する時には同席してくれたし，保護観察期間中の読書会も，週末開催時には参加したこともあった．夫は決して命令口調にならず，母親である自分を責めてこなかったのは助かった．長男が荒れたとき，休日にキャッチボールをしてあげるなどの接触がなかった，と夫はぼそっと言っていた．

　自助グループには，出来事の意味づけが違ってくる自分の変化を感じられるのが面白く，たどった経過を振り返られるから，今でも参加している．長男は元々優しいところがあり，非行をしていた当時も，自分を慮るような優しい言動があった．しかし，当時は悪いところだけに気をとられていた．それがこのところ，当時のことを思い起こす際にも，その優しい行動が自然と思い浮かぶようになったと気づいた．

　長男が恋人と一緒に別居するようになって間もなく，自分の病気が発見され，手術した．しかし，長男が問題行動を起こしていたときに比べて，不思議と気持ちが穏やかだった．様々な経験をして，タフになったとか鈍感になったとかの意味ではない．長男の仕事は危険が多く心配していないと言えば嘘になるけれど，自分の手を離れて，長男自身で人生を切り開いていることが，そうした気持ちにさせたのだと思う．それに，今は夫や昔からの友人などがいてひとりぼっちではないと感じられるようになったので，動揺しなかったのだと思う．長男が問題行動を起こしていた当時も，実際には夫や昔からの友人はいたのだけれど，当時はそれを感じられなかった．長男の非行を巡る経験をしないと分からないことがあったと思っている．

　病気が発見されるまでは，老後はどうしよう，将来はどうしようなどと考えて，今は我慢しておこうなどと思っていた．けれど，病気を患い，明日のことなんて分からないから今好きなことをしなければと考えが変わって，本格的に趣味に取り組むようになった．自分自身の人生を生き始めていると感じている．

(2) 事例Ｂ：非行・犯罪歴がある母親

①感情曲線に示された人生ストーリーの概要

　出生時はプラスだったが，その後急速にマイナスになり，幼稚園，小学校，中学校時代はどん底．高校時代はマイナスの程度が若干少なくなり，それ以降上昇し，結婚時はかなりプラス．子どもの出産時は結婚時より若干プラスの程度が高まるが，夫との離婚で０に低下．その後，現在の内夫と交際することで，結婚したころよりは若干プラスの程度は低いものの盛り返す．しかし，息子の非行で再び０に低下．その後，息子が少年鑑別所から出所し若干プラスになるが，自身が犯罪を起こして逮捕された時点で再びどん底．受刑し調査時は更生保護施設に在所中．その間，マイナスの範囲内で増減を繰り返している．

②調査で語られた内容

　ア．息子の非行の概要とその後の経過

　家族は，本人，長男，長女（長男の５歳下），本人の内夫．長男が高校１年時，不良の先輩に誘われて暴走行為に参加して少年鑑別所入所に至り，保護観察処分になった．保護観察中は勉学と就労を両立させていたが，終了後は高校を中退し，就労に専念している．交際相手と同棲するため実家を離れたが，交際相手と別れることになり，養育費に関する裁判を起こされたことはある．その後，別の交際相手と結婚し数年が経過している．保護観察を終了以降，再犯はない．

　イ．息子に対する自身のとらえ方や働きかけの変遷

　ａ．本件非行発生の経緯等

　息子の大型バイクの免許取得に内夫が反対したことで，怒った息子が家を飛び出し，たまたま出会った先輩に暴走行為を誘われ，むしゃくしゃしていたこともあって参加したところ，警察に捕まった．帰宅しないと気をもんでいたら，警察から姉宅に連絡が入り，知らされた．姉は優しいから迎えに来てくれるだろうと息子は思って連絡先に選んだのだと思う．息子が警察署にいると聞いた自分は，一瞬パニックを起こしたけれど，帰ってきた息子にはばかやってんじゃないよと言うにとどめた．

　後日，息子は警察から，逮捕しないからその事件の共犯者のことを教えてくれと言われて事情聴取に何日も正直に応じた．なのに，ある日突然警察が自宅に来て息子を逮捕した．息子が手錠をかけられたのを目の当たりにして，恐い

と思って体が反応してパニックになった．自分は若いころヤンキーだったけれ
ど，逮捕されなかったから，息子は自分よりすごいことをしてしまったんだ
と思った．けれど，よく考えてみたら，自分が若いころは，この程度のことで
は捕まらず，道路交通法が変わったから捕まっただけでずるいじゃんと思った．
警察に息子がはめられちゃったと怒りを感じた．

　内夫は息子が事件を起こしたと腹を立てていたけれど，自分は今更しょうが
ない，むしろ内夫が厳し過ぎるからこうなったに言い返したところ，自分に頼
まれていたから怒ったと言われた．確かに，男の人が怒った方がいいと頼んだ
のだけれど，失敗だった．だから，その後は，子どものことには一切口を出さ
ないように頼んだ．

　留置所，少年鑑別所の面会には，毎日のように行った．内夫が毎度車を出し
てくれた．やっちゃったことをどうこう言ってもしょうがないと思って，気に
すんなと言ってやった．少年鑑別所の面会で，息子は自分に迷惑をかけてしま
ったと泣きながら謝ってきて反省の手紙ももらった．自分はいいけど，姉や母
が心配しているからそっちに謝んなと答えた．刑務所に入るなどの処分になっ
てもちゃんと待ってる，見放さないと息子に繰り返し伝えた．

　母から，息子のことを，あんたに比べたら大したことはないけれど，あんた
がそうだったからこうなっちゃったのかしらと言われた時は，ぶち切れて喧嘩
になった．一方，若いころ一緒に不良をしていた友達に息子が警察沙汰になっ
たことについて相談した．内夫と別れた方がいいとアドバイスする人もいたけ
れど，子どもが少年院や刑務所に行った人もいて，全然だよと言ってもらえた
りもした．

　ｂ．保護観察処分を受けて以降

　自分はこの事件発生まで，息子が内夫を嫌がっていると気づかなかった．息
子が少年鑑別所から戻ってからは，息子と内夫をあまり接触させない方がよい
と思って，アパートの隣が空いていたので，そこに息子を住まわせることにし
た．息子は保護観察期間中，バイトをしながら定時制高校に通ったが，保護
観察が良好解除になって間もなく，仕事に集中したいと言って高校を中退した．
もう少し在籍していれば卒業できるのにと先生には惜しまれた．

　この事件以降，息子は人との諍いを避けがちで，相手から舐められ気味の様

子で，自分に「助けて」などと相談してくる．給料未払の相談を受けた際には，元ヤンキーの自分がその職場に乗り込んで給料を取り返してきた．

　その後，彼女ができて，息子は実家を出ていった．結局その彼女とは入籍しなかったけれど，別れ話が出たころ，彼女が妊娠していたため，その養育費をめぐって裁判沙汰になった．そして，この養育費の仕送りを始めるようになったあたりから，息子に大人の自覚ができてきたように見える．数年前に息子は結婚したから，元彼女のことも含め結婚前のことはすべて過去のことになっていると思う．

　ウ．息子の非行をめぐっての振り返りと現状

　なんで不良にならないのと息子に尋ねたことがあるくらい，息子はいい子だと思っていた．それが，警察に逮捕されてしまい，私みたいになってほしくないのに息子まで悪くなっちゃったみたいに一瞬思ってパニックになった．けれど，すぐに普通に戻ったし，このことが自分の人生に影響を及ぼしたとはとらえていない．普通の親なら，こんなに軽く考えないと思うけれど，自分や友達は不良だったから，おまえも男なんだな程度．自分の若いころはすごかったから，自分の子にしてはよく育ったと思っている．

　隣に住んでいる母や姉は，息子が捕まって恥ずかしいと言っていたけれど，それは世間体を気にしているからだと思う．自分的には世間体など気にしていたら，何もできないと思っていて，生真面目な姉に比べてぶっとんでいる自分の方が人から親しまれやすいことも経験している．

　そもそも内夫がいなかったら息子が怒って家を飛び出ることもなく暴走行為に加わらなかったから，そういう人を選んだ私の責任はある．自分が至らないから，息子にかわいそうな思いをさせちゃったとは思った．けれど，息子はやってしまったし，私も内夫が好きになってしまったのであって，過去をごちゃごちゃ言ってもしょうがない．

　このほか娘から，内夫によからぬことをされたと言われたことがあるけれど，内夫は認めず終いなので真相は分からない．このところ，娘はこんな子だったかと思うくらい強くなった．本当は自分に守ってほしかったんだろうに，そうしなかったから自ら守るようになったのだと思う．子どもたちに悪いなと思いながらも，内夫のことを我慢してって言ったこともあって，自分が母親として

失格なのは分かっている．いけないことだけれど，子どもたちの気持ちを考え
ず，子どもだけでなく内夫とも一緒に生活したいという自分の気持ちを優先し
てきた．

　それに，子どもたちが幼いころ，別れた夫の浮気の仕返しをしようとして，
男の人を作って5年間も家を出ちゃった．その間，元夫のほか，母や姉が自分
の代わりに子どもたちの面倒を見てくれたのだけれど，子どもたちはこのこと
に触れてこない．子どもたちは真面目にちゃんとやっていて偉い．こんな親で
も子どもは勝手に育つ，逆に，私がこうだから子どもたちがしっかりするのか
なと思ったりもしている．

5　考察

　A, Bの感情曲線からは，いずれも，結婚し非行をした息子を出産したときは，
快感情がピークに達している．一方，悪い子にしようと思っている親はいない
と春野（2004）が述べているとおり，A, Bいずれも，息子の非行に直面して快
感情が低下している．それがどのように変容していったかを以下に検討する．

（1）息子の非行に対する見方や対応の変遷

　Aは，問題行動を起こす息子のことを訳が分からず気持ち的に一番大変だ
った．学校からの呼び出しに応じようとしても次第に学校に行くのが恐くなっ
てしまったと語り，Bは警察から連絡が入ったと聞いたときや逮捕されたとき
にパニックになったと混乱状態に陥った様子を語っている．自我侵入的体験と
位置づけられる．

　ただし，その後の息子へのとらえ方は異なる．元ヤンキーのBは，自分の
ようになってほしくないと思っていたと触れてはいるが，起きてしまったこ
とは仕方ないとし，むしろ司法の対応が厳しくなったため事件化されたととら
えている．B自身の非行への親和的態度が影響していると考察できる．そして，
息子が収容された際は，熱心に面会に通い，見放さない，社会で待っていると
いうメッセージを送って支援したと語っている．友人に相談しては，それほど
ひどくないと言ってもらえたとしている．また，内夫と息子の距離を取った方

がよいと気づき，住居の調整等を行っている．そして，この件で息子は諍いを避けるようになった程度であり，調査時点では，すでに過去のことになっているだろうととらえている．自身の異性関係を優先させ，子ども達にそのシワ寄せがいっていて母親として失格と言語化しているが，子どもは勝手に育つ，むしろこういう自分だからこそこどもたちがしっかりするととらえている．

　一方，A はしっかり育てられなかったと自分を責めた，自分に育てられなければ，息子たちは幸せになれたのではないかと感じた，としている．一般人の意識調査においても非行の主たる原因は親に問題があるからという回答が多数を占め（内閣府政策統括官 2010），非行をした子どもの親たち自身も，同様の見方をする傾向がある（特定非営利活動法人非行克服支援センター 2014）とされているが，この A の語りはそれに相当する．

　A は，息子が荒れていた当時は，息子の問題行動にのみ注意が向いていたものの，荒れが収まるにつれて，同じ時期にしていた良い行動が自然と思い起こされるようになったと，問題行動以外の息子の側面に目を向けられるように変化している．さらに，息子の非行が収束し，さらに責任感のある職業人としての成長ぶりを目の当たりにすることで，それまでの自分が自身の価値観を押し付けようと息子にのしかかった存在であったと気づいたとし，息子の人生を見守る立ち位置にシフトしたと語っている．

　とはいえ，非行が収束した調査時点においても，よその母親ができることを自分はできないという劣等感があり，中学時に非行をしていなかったならば，危く大変な現職以外の職に就けたのではないか，いつまでこのような仕事を続けていけるのかと心配していると言及している．大塚（2014）は，障害を持つ子どもの誕生は，親にとって「期待した子どもの死」という対象喪失であるとしているが，A のこの語りも期待していた息子像の喪失を意味するわけで，類似の現象と言えよう．Drotar et al.（1975）の障害受容の段階モデルに対して Olshansky（1962）らはその苦悩や絶望に終わりがないというの慢性的悲哀説を主張しているが，この語りは，初期の悲しみを一旦乗り越えれば後は穏やかな順応，適応へと進んでいくとは限らないことを示している．A は息子が少年院に入る前から，息子の言動を案じて自助グループに参加していたし，審判時に親としてできることということで抗告してみたし，少年院出院後の息子

の保護観察中，勉強会に参加したことも語っている．しかし，自身が十分に対応できたととらえてはいない．

（2）自身の役割アイデンティティのとらえ方の変遷

　役割アイデンティティとは当人がその役割に伴った意味を内面化すること（Stets & Serpe 2013）である．Ａは自身の役割の中でも母親としての役割を重視した語りを展開しており，たとえば熱心に PTA 活動をしていたと語っている．しかし，息子の非行を止められない現実に直面し，その役割に対するコントロール感を失い，それまでの子育ての仕方を否定されたような失敗感を味わい，無力感や自責の念に苛まれ，他の母親はできているのにという劣等感を抱くに至っている．春野（2004）は，仕事などは責任をとって辞めるという方法もあるものの，親はやめることができないと述べている．Ａは死ぬ手立てとしてのロープを準備していたと語っており，そのロープが不要と思えるようになったのは本調査の少し前と語っている．公的機関からの働きかけが終わって以降もしばらく死が頭をよぎる生活をしていたということである．

　高橋（2014）は，加害者家族は身内が犯罪者になったという心的危機に加え，社会的制裁や差別といった二重の危機に晒されるとしている．Ａは直接の社会的制裁を受けることはなかったが，周囲からどう見られているかが気になるとして，未だに当時の知り合いに会っても会釈程度にとどめており，息子の学校の前を通ると動悸がしてしまうとも語っている．社会との接触において，息子が非行をしていたことがＡの中で過去のものになっていないことがうかがえる．

　ただその一方で，Ａ自身が病気を患ったことに関する語りでは，息子が非行をしていた時に比べて動揺しなかったとし，息子の非行以降の気づき，たとえば，周囲とのつながりを感じられるように変容したことなどがそうさせたと解釈している．辛い経験ではあったものの，その経験を通じて今の自分の心境に至れたとの語りである．さらに，その病気の体験を通じて，限られた生であると意識化され，自分の好きなことに取り組むなど母親役割以外の生き方をするよう変容してきたとしている．息子が非行をしてしまった現実に折り合いをつけながら自身を生きていくという語りになっている．

　これに対して，Bは母親であるほかに内夫のパートナーという役割を意識して生活してきたという語りになっている．息子が収容された際は，面会に熱心に通い母親としての役割に若干比重を移した様子であるが，内夫と息子との関係の調整に際しても，内夫の住まいではなく息子の住まいを変えている．内夫を重んじ，子どもたちに我慢させたこともあると認めてもいる．また，自身が元ヤンキーであった経験をふまえて，息子の非行を事件化されるほどのものではないとみなしている．起きてしまったことをあれこれ考えても仕方ないというとらえ方も影響して，Aのような傷つきの語りは少なくなっている．

　これらは非行少年の立ち直りの支援が期待される保護者という枠組みを超えて，保護者自身のことを語ってもらったがゆえに明るみになったことと言える．

(3) ニーズにあった支援の在り方

　Aの語りには，北村（2018）が指摘するように，訳が分からないと感じるような「非行に巻き込まれる語り」から自分の小さな物差しで測るのは失礼ととらえるようなった「非行をとらえ直す語り」，そしてあの時なりに最善と思って一生懸命やったのでしょうがないと「非行を受け止める語り」へと変容していったことがうかがえる．我が子が非行をするようになったことで無力感を抱き不安や自責の念を強めると同時に周囲との交流も避けようとする段階では，息子の立ち直りのための働きかけを期待する以前に，Aの心境を察しながら，非行をするようになってしまった息子の現実を一緒に悲しむ一方で，非行をする以外の息子のよい面などに目を向けられるよう促すなどしてエンパワメントしていくのが適当であろう．

　また，息子の再非行リスクが低くなって以降も支援のニーズが認められる場合がある．例えばAが消えるために用意したロープを捨てられたのは最近のことだし，未だに次男とは長男とのことを話し合うに至っていない．一方で，息子の非行にまつわる経験を通じた気づき，例えば夫や昔からの友人などがいてひとりぽっちではないとの認識を新たにしたことが今の自分に至らしめているというAの語りからは，その経験をライフストーリーに統合できていることが読み取れる．たどった経過を振り返り，出来事の意味づけが違ってくる自分の変化を感じられるからと言う理由で，長年自助グループに参加し続けてい

るＡだが，この経験が統合を促すに当たって一役買った可能性もあろう．

　一方，Ｂは非行・犯罪への親和性を有することもあって，周囲からどのように見られるか気にしないとし，息子の非行をおまえも男なんだ程度にとらえるにとどめている．Ｂなりに思い浮かぶ対応策をとったとし，息子にはすでに大人の自覚ができていて非行をしていたことはすでに過去のものになっていると明言している．ただし母親として失格であると認めている．過去をごちゃごちゃ言ってもしょうがないとしてそれ以上に考えようとしていないが，自身のありように葛藤を抱くまいとの防衛が働いて，支援のニーズの表明に至っていないと解釈することもできよう．

6　まとめ

　本研究では，自身に非行・犯罪歴がない母親Ａとある母親Ｂの語りから，息子の非行についてのとらえ方が時間の経過と共にどのように変容して今日に至っているかについて検討した．Ａの語りからはDrotar et al.（1975）の段階モデルが主張するように，息子が非行をし始めたころにはショックを受けたものの，徐々に適応，再起へと変遷していく様子が語られた一方で，非行をしていなければという考えがよぎるとするOlshansky（1962）らが唱える慢性的悲哀に相当する内容の語りも含まれていた．非行抑止の観点からは非行が収束すればそれで終結ということになるが，母親にとっては必ずしもそれで終わるとは限らないことが示されたことになる．一方，Ａに比べてＢは息子が非行をしたことをそれほど深刻視していない．これにはＢが非行・犯罪に親和的であること，さらに母親以外の役割アイデンティティに重きを置いていたことなどが影響していよう．こうした実情は母親自身の人生ストーリーを調査したがゆえに明らかにできたことと言え，ここに本研究の意義が認められる．

　本研究では，非行・犯罪歴のない者とある者を1名ずつ取り上げたが，見出されたことの汎用性については，今後事例を積み重ねて検証していくことが望まれる．加えて，今回取り上げた母親の息子は成人になって以降犯罪に至っていないが，犯罪が持続する場合，また成人になって以降に犯罪を始めるようになった場合の差異を検討することも今後の課題である．

［謝辞］
調査に応じ，個人が特定されないことを条件に公開することを了承してくださったAさん，
Bさんに深謝いたします．本研究はJSPS科研費18K03118の助成を受けています．

［引用文献］

Drotar, D., Baskiewicz, A., Irvin, N., Kennell, J., & Klaus, M.（1975）The adaptation of parents to the birth of an infant with a congenital malformation: A hypothetical model. *Pediatrics, 56*（5）, 710-717

Goffman, E.（1963）*Stigma: Notes on the Management of Spoiled Identity.*（＝石黒毅訳〔2003〕『スティグマの社会学──烙印を押されたアイデンティティ』せりか書房）

春野すみれ（2004）「『向き合う』ということ──親たちの自分探し」能重真作・浅川道雄・春野すみれ著『いつか雨はあがるから──支えあう「非行」と向き合う親たちの中で』かもがわ出版, 69-142

廣井いずみ（2013）「子の反社会的問題で悩む母親のイラショナル・ビリーフの変容過程──子どもの非行で悩む親の会に学んだこと」『司法福祉学研究』13, 45-65

法務省保護局（2018）『保護者のためのハンドブック──より良い親子関係を築くために』https://www.moj.go.jp/content/001319723.pdf（最終確認2022年12月28日）

法務省保護局観察課（2017）「犯罪者や非行少年の家族への指導と助言等の措置」『更生保護』68（8）, 6-11

深谷裕（2016）『加害者家族のライフストーリー──日常性の喪失と再構築』法律文化社

柏木惠子・若松素子（1994）「『親になる』ことによる人格発達──生涯発達的視点から親を研究する試み」『発達心理学研究』5（1）, 72-83

北村篤司（2018）『語りが生まれ，拡がるところ──「非行」と向き合う親たちのセルフヘルプ・グループの実践と機能』新科学出版社

内閣府政策統制官（2010）『第4回非行原因に関する総合的研究調査2010年3月』

西岡潔子（2013）「法務省式ケースアセスメントツール（MJCA）の開発について」『刑政』124（10）, 58-69

大塚晃（2014）「障害のある子どもを持つ家族の悲嘆」髙井慶子・山本佳代子共編『悲嘆の中にある人に心を寄せて──人は悲しみとどう向かい合っていくのか』上智大学出版, 199-211

Olshansky, S.（1962）Chronic sorrow: A response to having a mentally defective child. *Social Casework, 43*（4）, 190-193

佐々木光郎（2004）「家庭裁判所の調査における『保護者に対する措置』」『司法福祉学研究』
　　4, 75-83

千田有紀（2005）「アイデンティティとポジショナリティ——1990 年代の「女」の問題
　　の複合性をめぐって」上野千鶴子編『脱アイデンティティ』勁草書房 , 267-287

生島 浩（2014）「更生保護における家族理解と支援について」『更生保護』65(11), 6-11

Stets, J. E., & Serpe, R. T. (2013) Identity Theory. In DeLamater, J. & Ward, A. (eds.),
　　Handbook of Social Psychology, 2nd ed. Springer, 31-60

高橋聡美（2014）「犯罪加害者家族のサポート：加害者家族の抱える問題とアプローチ」『刑
　　政』121 (11), 24-36

特定非営利活動法人非行克服支援センター（2014）『何が非行に追い立て，何が立ち直
　　る力となるか——「非行」に走った少年をめぐる諸問題とそこからの立ち直りに関
　　する調査研究』新科学出版社

冨田 寛・塩島かおり・岡田和也・髙橋 哲・松田芳政・淺野貴司・只野智弘・小谷久実子・
　　宇戸午郎・田島秀紀・田中華奈子（2014）「非行少年と保護者に関する研究——少
　　年と保護者への継続的支援に関する調査結果」『研究部報告 54』法務総合研究所

上田 敏（2020）「『障害の受容』再論——誤解を解き，将来を考える」『The Japanese
　　Journal of Rehabilitation Medicine』57 (10), 890-897

日本司法福祉学会第 22 回大会

日時：2022 年 12 月 17 日（土）
　　　12 月 18 日（日）
場所：帝京平成大学中野キャンパス

矯正医療

Prison Medical Care

講 演 者：加藤昌義（帝京平成大学）
講 演 者：宮本悦子（東日本矯正医療センター）
司会進行：齋藤知子（帝京平成大学）

1　企画趣旨　齋藤知子

　コロナ禍で対面での大会開催が2年間中止してきた中で，今年度こそはと本学で3年ぶりの大会開催を決定したが，本当に対面で開催できるのか，どのように感染予防対策を徹底するかなど試行錯誤でスタートした．実行委員会も対面で開催できず，本学には学会会員が私一人という現状だったが，特別講演企画は出来たら開催校らしさを示せるものにしたいと考えた．そこで私と同じ本学人文社会学部・人間文化学科・福祉コースに所属している加藤昌義教授にご講演いただけないかとお願いし，ご快諾いただいた上に，宮本悦子先生をご紹介して頂くことが出来た．

　加藤先生は総合内科専門医で，平成12年より法務省矯正医官をされており，平成25年より帝京平成大学現代ライフ学部（現人文社会学部）において社会福祉士養成のための医学概論の講義の他，日本国憲法の講義も持たれている．以前，先生のご厚意でコースの教員で矯正施設の見学をさせていただいたこともあり，この機会に是非，「矯正医療」について，お話を伺いたいと思い，ご講演を依頼した．

　加藤先生には，矯正施設における医療の現状をテーマに，矯正医療の内容や，概要（特に内科を中心に），特徴，課題についてお話しいただいた．

　ご紹介いただいた宮本悦子先生は，日本精神神経学会認定指導医，日本心身医学会代議員をされており，平成20年より外務省医務官，平成25年より法務省矯

正医官，現在は東日本矯正医療センターに所属されている．宮本先生には，摂食障害者への対応を中心に矯正施設における精神科領域についてお話しいただいた．

　以下、先生方の大会講演の抄録を再掲載し，講演内容については，参加者の皆様からの感想を含めて，受講した内容を齋藤が記録し両先生に確認いただいた．

2　講演1　矯正施設における医療の現状　加藤昌義

【抄録】

　これからお話しする矯正医療を矯正施設（刑事施設・少年施設等）で実践される医療と定義する．司法手続きを経て，これらの施設に収容されている人々に対する何らかの医学的なアプローチにより，直接的に思考・行動を矯正し，改善更生へ導く訳ではない．罪を犯した人々を社会復帰させるために必要な心身の治療を行うことが矯正医療の目的である．矯正医療は国の責務として無料で提供されるが，そこには様々な問題が存在する．これらを中心に矯正医療の現状についてお話しさせていただく．なお，本講演は演者個人による発表であり，法務省の見解ではない．

【講演内容】

　矯正施設における医療の現状についてお話しする前提として，矯正施設とは刑事施設（刑務所，少年刑務所，拘置所），婦人補導院*，少年施設（少年鑑別所，少年院）を指し矯正医学とはそこをフィールドとする医学研究，矯正医療とはその実践であるとする．

　矯正医学の歴史を振り返れば，1951 年に日本矯正医学会が創立され，矯正医療は「非行，犯罪の予防と非行少年，犯罪者の矯正をはかる社会防衛と治療」を意味していたが，現在は「矯正施設における医療」となっている．

　矯正医療の概要としては，入所時や定期健診のほかに，特定健診やがん検診などの「健康管理」，外科，整形外科，皮膚科，口腔外科などでの内視鏡的治療を含めた「手術」，治療の見込みのない受刑者の患者に対して終末期医療に取り組んでいる「緩和ケア」が挙げられる．摂食障害については，宮本先生に専門の立場からお話しして頂く．また，矯正施設は，「一般施設」，「医療重

点施設」,「医療専門施設」の3層構造からなり,外部の医療機関を含めた移送,共助により効率的な医療が行われるようにシステムが構築されている.

　患者が被収容者であること,治療が国費でおこなわれていること,社会一般の保健衛生及び医療の水準に照らし適切な保健衛生上及び医療上の措置を講ずることが法律によって定められている.また,医療に従事している者も国家公務員である.

　この矯正医療は,一時よりは改善したとはいえ,危機的状況にある.このような状況に至った理由は,矯正施設が陥っている矯正医官の不足にある.矯正施設に限らず,救急病院で勤務する医師が疲弊し,勤務医を辞めて開業し,医学部卒業生達はリスクを回避し,産婦人科や救急医を避けるため減少し,困難な業務に従事する医師が不足することとなった.地域による医師の偏在も地域医療を崩壊させ,地方の矯正医官の欠員につながっている.

　矯正医官の減少の原因は,大学医局からのローテーションによる大学医局員の派遣が停止したこと,矯正医官の不適切な勤務が問題になったことがあったこと,被収容者との関係について不安を感じていることなどがあげられ,法務省では「矯正医官」の募集頁で改善された現状の詳細を示している.

　矯正医療の課題として,被収容者の急激な高齢化で高齢受刑者が増加している.矯正施設内の認知症傾向の割合は高齢社会白書が示す65歳以上の認知症有病率より高い.高齢受刑者に対する配慮として,疾患の早期発見や必要な治療に加え,処遇面でも作業負担の軽減や時間の短縮などをおこない,施設の構造面でもバリアフリー化がおこなわれている.

　また,矯正施設には社会復帰支援のため,社会福祉士や精神保健福祉士などの福祉専門官が配置され,社会復帰時の調整をおこなっている.

　最後に矯正医療の研究者の著書の紹介と日本矯正医学会入会の案内をさせていただいた.

＊「困難な問題を抱える女性への支援に関する法律」(令和4年法律第52号)附則第4条の規定により,売春防止法が改正され,附則第10条の規定により婦人補導院法が廃止(令和6年4月1日施行)される.

3 講演2 矯正施設における摂食障害被収容者への対応　宮本悦子

【抄録】

　東日本矯正医療センターは，全国で4か所ある医療刑務所の一つで，国内最大規模の総合医療施設である．前身の八王子医療刑務所に遡ると20年以上にわたり，摂食障害被収容者を受け入れてきた．精神科女子病棟における摂食障害者の割合は常に8割以上である．また，全国女子受刑者の約5%が摂食障害もしくは疑いのある者とされている．一般刑務所で，過食嘔吐を繰り返し，体重が著しく低下して集団生活に適応できなくなると，当センターに移送される．

　2018年に摂食障害女子被収容者の移送施設に指定されたことを受けて，受入人員を大幅に拡大し，2022年10月現在までの4年間で延べ約150名を受け入れた．そのうち85%が万引きによる窃盗罪である．摂食障害障害被収容者を中心に司法的諸問題とその対応について考察する．

【講演内容】

　東日本矯正医療センターの精神科被収容者の女子で8割以上の病名が摂食障害で，また窃盗が罪名の者も8割以上となっている．これは東日本矯正医療センターが2018年から摂食障害女子被収容者の移送施設に指定されたことで，一般刑務所で，適応できなくなった被収容者が移送されていることによる．精神科被収容者の罪名別構成では，窃盗罪による受刑者数が男女ともに最も多く，男子の40%，女子の 約80%を占める．

　窃盗と摂食障害の関連は 以前から報告され，摂食障害者の 16 〜 67%に窃盗経験があること，それは semi-starving（半飢餓状態）と万引き行動，低体重や過食や排出行動との関連，万引きは食品が多いことが先行研究として諸外国などでも指摘されていた．

　摂食障害被収容者の万引き行動の特徴は，90%が窃盗罪である．自己記入式の「摂食障害ワークブック」での体重と万引きの関係についてのグラフが示すように，臨床経験からも8 割以上が神経性やせ症の低体重時，および制限型から過食・排出行動に転じる時期に万引きを開始する．先行研究と同様で万引

きは食品を含むものが9割以上である．また，発症から万引き開始まで約10年，収容までに約20年以上を要している．思春期に発症していたにもかかわらず，病識の欠如から当センターに搬送後初めて診断されるケースがあり，収容前に摂食障害の通院歴のある者は約半数である．

難治事例としては，摂食障害と併存疾患への対応があり，不安障害や，気分障害，パーソナリティ障害，アルコール依存などが存在する場合がある．刑務官の立場からみると，摂食障害被収容者は，「何度注意しても同じことを繰り返す」「食事の仕方が汚い，食事時間内に食べ終わらず，最後にかきこむ」「他の収容者と体型を比較したり，痩せの競争をする」「治療に意思がなく，改善しないなら，どう対応したらいいか」などの課題がある．

摂食障害被収容者の発症時期や病態，万引き開始時期や万引き内容は多様性があるが，共通するのは，著しいやせの状態を呈し，90%以上が排出行動を伴う．万引きの大半は食料品であり，過食や嘔吐のため，「吐くだけのために食品を買うのはもったいない」，「食品を家に貯めておかないと安心できない」といった個人使用目的が多い．万引き行動が生涯の万引き回数が100回以上の者は3割で，長期に慢性化した入所度3回以上の万引き累犯の場合には，スリルや達成感を挙げている．

摂食障害被収容者への対応では，低体重で入所する被収容者に対しては，身体治療を優先させる．無理のない活動をしながら，コーピングスキルを磨く．その後は行動療法を中心として，食事量，体重の回復に応じて作業や運動などの行動範囲を段階的に広げていく．収容期間で行動療法と並行して，心理治療を行い，犯罪についてのふり返りを深め，読書療法や，言語化を促すための個別治療プログラムや作業療法，理学療法，集団療法などにより認知の修正を行うための治療を行う．コミュニケーションの障害や，トラウマを抱えていることも多く，回復に向けた治療も必要である．成人受刑者のトラウマ体験の特徴は，繰り返し激しい暴力や，本人は暴力を受けたと思っていない場合やネグレクト体験，見えにくい心理的暴力などがあり，否定的な自己概念症状などが目立つ．犯罪について考えること，自分を大切にする，人への伝え方を考えるなど，窃盗に至った社会的背景を振り返るようにするなど，自分に合う生き方を探すため．進路・人間関係など本来の自分の課題に取り組むなどが回復の過程

となる.

　現在の日本の摂食障害被収容者の矯正施設での対応では，職員は専門職ではなく，医療機関としては，摂食障害を専門としていない，また出所後の医療機関や福祉機関との連携が難しい，本人にとっても長期収容によって，家族や社会から孤立してしまい，出所後の社会適応が難しいというデメリットがあげられる.

　オランダなどでは95％が外来治療を受けている．また入院期間も平均で3か月と短く，14歳から15歳の早期入院が多く，家族医，小児科医，家族，学校からの紹介で年4回の地域会合を開いており，摂食障害の専門施設や専門職も人口対比が高い.

　まとめとして，司法的諸問題や疾病病理が多様化していること摂食障害を治療する専門施設を充実させる必要がある．繰り返す万引き行動について，社会がどのように受け入れていくか，福祉，医療，司法との連携が必要である.

4　謝辞　齋藤知子

　二人の先生方からお話しいただいた内容は，これまではなかなか伺うことのできない貴重な内容だった．近年では法務省の公式ホームページに求人情報や矯正施設での各職種ごとの仕事内容が詳細に掲載されている.

　加藤先生のお話の内容は，そのような矯正医療の概要や医師不足などの課題についてなど，私にとっても初めて伺うお話だったが，大変わかりやすく興味深いものだった．お話を伺った後に法務省のホームページを見ると，「誰かがやらなければならない矯正医療」として，「矯正医官としてのやりがいは，単に医師としての技能を発揮するだけに留まらず，司法，医療，福祉，教育，心理などの他職種との連携の下に全人的な関わりができること，創意工夫を要するチャレンジングな課題が山積していること，人々の安全を守る最後の砦として社会貢献しているという自負が持てること」（法務省：https://www.moj.go.jp/KYOUSEI/SAIYO/about/index.html#appeal）との募集頁があった。

　大学医局からのローテーションによる派遣がなくなり，矯正医官不足が生じているという実態も先生のお話にあったが，今後も大きな課題であろう．また

矯正医療の実践は，法律では，「社会一般の保健衛生及び医療の水準に照らし適切な保健衛生及び医療上の措置を構ずるものとする」とされている．社会一般の「水準」とは，一般社会の病院や診療所に求められる水準のことであり，それ以上の医療上の措置まで求められているものではない．当然，高度な最先端医療を提供することまでは含まれていない．矯正医官が求められる医療は，一般の「水準」であり，それ以上の医療の提供は求められていないという葛藤についてのお話が印象的だった．

　宮本先生のお話に対しては，参加後のアンケートでも多くの参加者から，「矯正施設における摂食障害被収容者への対応」について，初めての内容で，特に万引きとの関係やトラウマ体験について理解しやすく，貴重な機会だった，刑事施設内の摂食障害の状況，個別プログラムやグループ医療など，治療的な司法として重要だと感じたなど他ではまず聴くことができない内容だったなど、多くの声が寄せられた．

　実際に矯正施設内でグループ治療や読書療法などを行っていることに驚き，その有効性についても今後結果が出て来るであろうと興味を持った．また，海外では摂食障害と万引きの関係は早くから関連付けられ，初期から治療を行っているが，日本では専門の治療施設は少なく，矯正施設に入所してから初めて治療を受ける場合もあり，通院歴なし，診断歴なしの者もいると聞いた．そして出所後は，全国の地域に帰るため，地域によっては治療が中断されることもあり，長期的な医療の継続が重要で，司法，福祉，医療の連携の重要性を改めて実感した．

　最後になるが，貴重な講演を担っていただいた加藤昌義先生，宮本悦子先生に，この場を借りてあらためて感謝申し上げたい．とても貴重なお話で，参加者からは「とても良かった，有意義だった」と多くの声があった。初日の午前中という時間帯での講演だったため，参加者が少なかったことが企画者としての反省で，その点は残念であった．

成年年齢引き下げに伴う法的・社会的・福祉的課題

Legal, Social, and Welfare Issues Associated with Lowering the Age of Majority

企 画 者：齋藤知子（帝京平成大学）
話題提供者：石井真一（東京家庭学校）
話題提供者：藤本賀彦（東京都江戸川区保護司会）
話題提供者：金子重紀（千葉弁護士会，千葉明徳短期大学）
指定討論者：須藤 明（文教大学）
指定討論者：久能由莉子（獨協地域と子ども法律事務所）
司 会 進 行：金子毅司（日本福祉大学）

1 企画趣旨

　本学会では 2022 年 2 月に「特定少年，犯情と要保護性」をテーマに研究集会を開催した．そこでは，①2022 年 4 月 1 日施行の少年法において，「特定少年」はどう位置付けられたか．②改正少年法第 64 条の「犯情の軽重」をどう理解するか，従来の家裁実務で定着している「要保護性」とどこが異なるか，この 2 点に注目し議論を行った．

　今大会では，実際に今年 4 月に民法改正が施行し，成年年齢が 18 歳になり，少年法では 18 歳，19 歳を「特定少年」と位置付けられたことを受け，大会テーマを「成年年齢引き下げに伴う法的・社会的・福祉的課題」とし，シンポジウムも同じテーマで開催することとした．

　企画者の立場から，シンポジストの石井真一氏には児童福祉の現場福祉的課題，藤本賀彦氏には社会的な課題，金子重紀氏には法的な課題，とそれぞれの専門の立場から，生じている課題や懸念事項について意見を述べて頂いた．

　指定討論者の須藤明氏には家裁実務から犯情と要保護性についての問題意識，同じく指定討論者久能由莉子氏には子どもに関わる法曹の立場から，これらの課題について提案頂きたいと考え，登壇頂いた．

2 話題提供

話題提供 1　社会的養護の現場から　　石井真一

　今般の民法改正による「18歳成人」が社会的養護にどのような影響をおよぽすのか．社会的養護の概要を共有したうえで，現場での取り組みを推察しながら，これまでも課題とされてきた「強いられた自立」とならないかを考えて話題提供した．

　児童養護施設や里親制度をはじめとする日本の社会的養護のしくみは，「子どもを守るべき保護者が子どもを守ることが難しい状況になったときに，子どもを公の責任の下で保護する」ことである．「措置制度」により都道府県の事業として行われ，対象児童は約 42,000 人である．財源は措置費（国庫負担 2 分の 1）となっている．しかしながら，児童相談所が対応する児童虐待相談対応件数が 20 万件を超える状況で，その数の 2％ほどしか社会的養護へつながっていない現状がある．2,000 万人ほどと推計できる日本の子どもたちのなかでも多くの課題が山積している．社会的養護は救い上げることができた，ごくごく一部の子どもたちと受け止めることができる．

　児童福祉法の「児童」，子どもの権利条約の「子ども」の定義は「18歳未満」であり，今般の成年年齢引き下げで法律上の子どもと大人の「線引き」は整合したようにも感じる．また，18歳選挙権や男女共に結婚年齢 18歳となったこともふまえれば，社会的に「18歳」が大人への明確な分岐点になったといえる．

　その一方で，児童福祉法改正によって，これまで児童養護施設等において 20歳までの「措置延長」，その後「社会的養護自立支援事業」の制度活用による最長 22歳までの支援延長だったものが，その「上限年齢が撤廃」され，仕組みのうえでは必要な限り支援継続可能となる．「18歳成人」により，親権者の同意なく措置入所継続や措置入所中に子ども自ら様々な「契約」が可能となる．支援の長期化が予想されるなかで，措置入所枠の問題で本来保護を必要とする子どもがこぼれ落ちないようにすることが重要である．同時に支援長期化の対応可否で「施設間格差」が生まれないように注視する必要がある．入所児童とは「18歳成人」に関する対話を重ね契約行為への学習などが必要となる．

　「上限年齢撤廃による支援継続」と「18 歳成人」，この「ねじれ」が今後現場にどのような影響や混乱をもたらすのか，これからさらに検証していかねばならない．

　一方で，社会的養護の現場においては，法的な線引きでは整理できない，「社会的自立」の困難にたびたび直面する．虐待のダメージや発達特性などが起因して，十分な成長準備が整わないまま，施設退所と「強いられた自立」を迎える状況は変わらずにある．

　最後に，「強いられた自立」を連想させた施設内で遭遇した 5 歳男児のエピソード（パニックで無理やり抜歯したが永久歯みえていた）を紹介して結びとした．

話題提供 2　非行当事者としての経験を踏まえ　　藤本賀彦

　非行当事者であった自らの体験を踏まえて報告した．まず，中学卒で仕事に就き 15 回以上職場を変えるなか，定時制高校，東理大，東大院，放送大，筑波大院で学び，現在は会社役員及び心理職として個別支援教室の講師を兼務し，保護司と「あめあがりの会」の世話人として活動しているという略歴を紹介した．次に，非行の始まりから立ち直りまでの一連の体験について報告した．具体的には，中学 1 年で，部活での人間不信，学業不振，父親との関係の悪さ等によりつまずき，喫煙，飲酒等の非行，不登校の中学時代を送った．定時制高校に入学し就職したが 1 か月続かず，さらに父親との関係悪化により家を出て，新聞店で働きながら暴走と薬物（トルエン，覚醒剤等）を繰り返す日々を過ごした．自宅に戻り，保護観察処分，運転免許取消となったが，薬物は止められず，仕事は工場勤めに変わった．次の職場で違う世界に触れ，きっかけをつかみ，学ぶ必要に気づき，4 回目の 1 年生として定時制高校に通い始めた．学校で個別指導を受け中学からのやり直し，小さな成功体験を重ね，普通の世界でもやっていけるかもしれないと自信が持てるようになり大学受験を目指し東理大に入学した．卒業に際しての就職活動では，非行に触れられることはなく，職場や転職活動において非行時代を語ることはなかった．

　自らの立ち直りのプロセスは，紆余曲折し行きつ戻りつを繰り返しながら進む，不安で不安定なプロセスであった．それは，「このままじゃまずい」，「いつまでもやってられない」，「変われるものなら，変わりたい」，「どんな生き方

があるのかわからない」,「きっかけをつかみ, 新たな行動」,「小さな成功体験を重ね」,「やっていけるかもしれない」,「ペースがつかめ, 続けていける」というものであった.

改正少年法で特定少年に適用される事実上の社会的制裁（実名公表等）に関連して, 氏名がインターネット上に一度公表されると半永久的に残る. そうなると, 就職や契約の際に行われる反社会的勢力等の調査（氏名確認）により, 将来の就職や契約が困難となり, 安定した仕事に就くことや住居確保が難しくなり, 立ち直りに支障が生じるおそれがある. また, その影響は本人に止まらず, 親や兄弟, 子ども, 親戚にまで拡がるおそれがあることについて報告した.

指定討論者から, レジリエンスの観点を踏まえ立ち直りを支えたものは何か, 18歳成年であった場合に立ち直りへの影響の有無という趣旨の質問がなされた. 立ち直りを支えたものとして, 信頼できる人との多くの出会いがあった. その人たちに, 育てられ, 支えられ, 機会をいただき, 立ち直り, やり直すことができたと確信している. 18歳成年の場合は, 立ち直りのきっかけをつかめた時期に重なることから, 影響があったと思う. 立ち直りの機会や猶予期間が与えられただろうか, 支援者と出会えただろか等, 社会的側面における影響が懸念される.

話題提供3　成年年齢引き下げ問題」が私たちに問うていること,「自立」を強いられないために　　金子重紀

私に与えられたテーマは, 成年年齢の引きと下げについての法的問題であった. この観点から言えば, 金銭トラブル, 親権問題, 賃貸借問題など, メリットもデメリットもあるということは言うまでもない. 個々の問題については, 事前の教育・事後の救済制度よって, 制度的・個別的に対処していくしかないということであろう.

むしろ, 成年年齢引き下げ問題は, 社会として若年者の『自立』をどのように考えていくべきかの問題を突きつけている. 法務省は, 成年年齢引き下げの根拠として『成年年齢を引き下げることは, 若年者が将来の国づくりの中心であるという国としての強い決意を示すことにつながる.』『成年年齢の引き下げと併せて若年者が「大人」の自覚や能力を得るような教育, その他若年者の自

立を援助する様々な施策を実行していくことで，若年者の自立を支え，若年者に社会の構成員として重要な役割を果たさせていくことが可能となる.』を示している．成年年齢を引き下げることで，若年者に『大人の自覚』を促したいとの意図が強調されている．しかし，法制審議会民法成年年齢部会（最終意見書）は，若年者の精神的・社会的遅れを前提としつつも，この問題が成年年齢の引き下げによって自然と解消するものではないことを指摘する．

　現在の日本において，18歳という年齢は，人生の大きな岐路の選択に迫られる年齢である．別の言い方をすれば，やり直しのきかない選択を迫られている．1つの現れとして，シンポジウムで示したように大学型高等教育機関における25歳以上の割合は，諸外国に比較して日本は圧倒的に低い．つまり，学び直しができないということである．短大で学生を見ていると，18歳・19歳の学生たちの精神年齢・精神状態には大きな開きがある．18歳になるまでに『こうでなければならない』というには，個々の違いが相当ある．その違いの理由には，家庭環境や友人関係での経験の違いなどが大きく影響している．もし，18歳までに「こうならなければならない」との前提を18歳に成年年齢を引き下げことが予定しているとすれば，この引き下げが一定の『自立』を強制することになってしまう．福祉は『インクルーシブ』を標榜する．個々の違いを受け入れ，ここに応じた成長を保障する社会であるとすれば，違いを受け入れそれぞれに応じた補い合える社会であるとすれば，１８歳でのやり直しのきかない選択を迫る意味を「成年」（18歳）にもたせてはいけないのではないかと思う．『自立』は，社会の中で生きる人としてのあり方が前提となるものである．社会のあり方が「自立」の中身を規定する．

3　指定討論

指定討論1　須藤　明

　3名のシンポジストから18歳，19歳の若年者を巡る法的・社会的・福祉的課題について，大変刺激的な内容の発表をしていただいた．18歳，19歳の若者については，改正少年法でも特定少年という新たな概念のもと，責任ある主体が問われるようになっている．そこで，心理学を専門とする立場から，心理

学や脳・神経科学が18歳，19歳の若者をどのように考えられているのか簡単に整理したうえで指定討論につなげたい．

発達心理学では，認知能力が16 ～ 17歳で成人並みになるが，リスクの知覚，刺激欲求などの5つの指標を用いた心理社会的成熟は未だ発達途上であることが明らかになっている（Steinberg et al. 2009）．脳・神経科学の研究でも，前頭前皮質が成熟するのは25 ～ 30歳で，10代は衝動の制御やリスクと報酬の判断は未成熟であることが分かっている（Giedd, J.N. 2016）．

一方，社会は，それを構成する私たちに“主体性（Agency）と責任（Responsibility）”を求めてくる．しかしながら，貧困や虐待など成育環境の問題を抱えている若者は，成長の基盤が脆弱であり，前述したような発達上のリスクをより強めてしまう現実に目を向ける必要がある．許容性のない社会では，安易に本人の責任論ばかりが闊歩することになりかねず，こうした若者たちへ適切な支援が届かない懸念がある．

こうした問題意識のもと，各シンポジストには，以下の問いかけをした．

〈石井先生へ〉

自立を巡る問題，支援の長期化による「ねじれ」についてお話していただいた．児童福祉法の改正によって措置入所の枠が喫緊の課題になると思うが，入所基準の設定やそれに関連したセスメントが求められるのか伺いたい．また，これまでの自立支援の実情，成年年齢引き下げによる影響，その他，退所生が直面する社会的躓き，という点についても付言していただければありがたい．

〈藤本先生へ〉

ご自身の歩みに触れながら，非行や犯罪が社会的な障壁になりうる実情を教えていただいた．私は，以前，米国シアトル市の「Choose 180」という非行少年を援助しているNPO団体を訪問したことがあるが，まさに人生が180度転回するような体験をなされている．そうしたことを支えていたものは何だったのか．個人の努力だけなのか，ターニングポイントとなるような他者との出会いもあったのか，レジリエンスの観点から教えていただきたい．

〈金子先生へ〉

成年年齢引下げの課題に関して，特に「自立の根源的な問い」を国際比較も含めてご報告いただいた．報告の中で繰り返し主張されていた「余裕ある社会の実

現」とは何か，それに向けて，私たちは何を取り組んでいかねばならないのか，司法福祉学会が果たす役割への期待も含めて，お聞かせいただければと思う．

指定討論2　久能由莉子

18歳、19歳の若年者を巡る法的・社会的・福祉的課題について、法的な視点は、シンポジストである弁護士の金子重紀先生がご講演してくださった。

子どもの権利に関し、法的な観点から携わる立場として、日頃から感じていたことを話し、指定討論につなげたい。

1　市民の権利義務関係を規律する私法の一般法としては、民法があり、その基本的な原則として、①権利能力平等の原則（誰でも平等に権利義務の主体となれるという原則）、②私的自治の原則（私人間の権利義務関係について、各個人が自由な意思に基づいて決定することができるという原則）、③所有権絶対の原則（個人が持っている所有権が、国家権力や他者によって侵害できない権利であるとする原則）があるが、これらは、合理的に行動をすることができる人間を前提とし、対等な人間関係であることが前提となっている。

民法の年齢引下げで問題にしていることは、消費者被害等の契約、取引関係もあるが、少年法や児童福祉法による保護の対象となり、心身ともに成長発達している段階である子ども、支援者が少ないと思われる社会的養護出身者について、成人後や施設退所後、どのように支援していくべきか、どのような制度があるべきかも一つの課題である。

2　平成28年の児童福祉法改正により、子どもが権利の主体であることが明記された、という説明をされることがある。

しかしながら、憲法上、保障されている人権は、「人」である子どもにも保障されており、子どもが権利の主体であることは、平成28年の児童福祉法改正がなくても、明記されていると考えられ、社会として、子どもが権利の主体であることを尊重してこなかったのではないかとの思いがある。

こうした考えのもと、各シンポジストには、以下の質問をした。

〈石井先生へ〉

18歳で成人になり、子どもと成人が同じ場所で生活することで、支援がしにくくなるのではないか。また、成人に関しては、説明し、同意がないと、支

援ができなくなるということになると思うが、成人となった本人が支援を拒否した場合、どうするのか。これらの点について、児童福祉分野としての課題を教えていただきたい。

〈藤本先生へ〉

　19歳、20歳の時期の経験が大きかったように伺えた。たらればの話で難しいかもしれないが、成年年齢が18歳だった場合、違いが生じた可能性があるか、教えていただきたい。

〈金子先生へ〉

　海外では、若年者の自立を援助する施策があるとのお話があったが、日本では若年者の自立の援助に対応できているか。また、こうならないといけないという大人の価値観を押し付けると、子どもたちが苦しくなるが、子どもの権利の主体性や子どもの成長発達の保障のために、大人は何をすべきか、教えていただきたい。

4　まとめ　　　金子毅司

　今回のシンポジウムでは，シンポジストからは，それぞれが専門の立場からご意見を述べていただいたが，さらには学生へどう伝えていくかという教育の視点も含めて多くの示唆をいただくことができた．指定討論においても，研究者・弁護士それぞれの立場からの意見によって，議論をより深められたように感じられた．

　さらには質疑応答では，研究者から学生まで幅広い立場の方からご質問・感想をいただくことができ，本テーマに対する関心の高さが表れていた．

　一方で，成年年齢の引き下げについては，まだ法改正されてから日が浅く，これから時間の経過とともに今回の議論となった点の変化やさらなる課題が浮かび上がってくることが想定される．今後，日本司法福祉学会としてもこれらの論点がさらに蓄積された段階で今一度，この問題を取り上げ，検討することが必要であると考える．

5 さいごに 齋藤知子

　大会当日にアンケートなどを取らなかったため，後日，大会実行委員会として参加者からご意見を伺ったところ，本シンポジウムについては，話題提供者，指定討論者ともに「バラエティに富んだ」「いずれもが独自の視点からのもの」「それぞれ幅広く興味深い」などの感想をいただき，多岐にわたった話題提供になり貴重な話題となったことを実感した．また先生方からの話しの内容を「社会・他者との関係から考える自立の視点」に応える形で，会場で参加していた何人かの学生から意見が聞けたことに，アンケートからも好評を頂き，有意義な質疑応答となった．

　改めて，この話題が社会的，法的，福祉的課題と，多岐にわたっていることを認識し，今後もさらに司法福祉分野の課題として，検討すべきことだと考える．

　最後に，貴重な話題提供と的確な指定討論を担っていただいた先生方，また会場から質問，意見を出してくださった参加者の方々に，この場を借りて感謝申し上げます．

「刑事司法と福祉」をどう教えるか

How to Teach "Criminal Justice and Social Work"

企画者・話題提供者：藤原正範（日本福祉大学）
話題提供者：水藤昌彦（山口県立大学）
話題提供者：森久智江（立命館大学）
話題提供者：木下大生（武蔵野大学）

1　企画趣旨，及び本科目を担当して考えたこと　　藤原正範

　本分科会は，社会福祉士・精神保健福祉士を目指す人に刑事司法の何をどう教えるかを明らかにすることを目的とする．

　社会福祉士国家試験における指定科目の変遷を見てみたい．発足当初，必要科目として「法学」という科目があった．2009 年度，「法学」はなくなり，「権利擁護と成年後見制度」・「更生保護制度」が新設された．更生保護事業は「社会福祉事業法」第 2 条 4 項において社会福祉事業から除外されているが，社会福祉士に更生保護制度の知識が必要とされたのであった．「更生保護制度」導入により，司法福祉関連科目のなかった大学への設置は進んだが，従来の半期の司法福祉関連科目のあった所では時間数を四半期にしたところもあった．2021 年度入学生から，社会福祉士・精神保健福祉士の指定科目として「刑事司法と福祉」が新設された．従来の「更生保護制度」はこの科目の中に飲み込まれた．

　厚生労働省社会・援護局福祉基盤課福祉人材確保対策室によると，この科目の教育に含まれるべき事項は，①刑事司法における近年の動向とこれを取り巻く社会環境，②刑事司法，③少年司法，④更生保護制度，⑤医療観察制度，⑥犯罪被害者支援，の 6 つである．

　多くの養成校で，日本ソーシャルワーク教育学校連盟編『刑事司法と福祉』

（中央法規出版）が教科書として使用される．本分科会の話題提供者水藤・森久は本書の編集委員である．企画者と話題提供者木下は，本書により本年度前期に授業を行った．本書は，犯罪原因論・刑罰・アディクション等の章を設けており，厚生労働省の示した内容よりはるかに幅広い内容を含んでいる．この科目の全章を一人の教員がきちんと教えるのは困難であるという印象である．また，この分野の国家試験問題に盛られそうな細かい内容を取り上げる一方，各領域の歴史や原理を丁寧に書き込んでいる．この科目では，各章のポイントとなる部分に「問い」を立て学生間の議論を促すような授業が必要であるが，含まれる内容があまりに多いことから，何を優先して授業を展開するかは難しい．

　本科目を刑事司法・少年司法・更生保護制度などの何か一つに詳しい教員が担当すればよいというものではないことを痛感する．

2　話題提供

話題提供 1　ソーシャルワーク系教員としてのテキスト編者・執筆者の立場から　水藤昌彦

　2018 年 3 月に社会保障審議会福祉部会福祉人材確保専門委員会が公表した「ソーシャルワーク専門職である社会福祉士に求められる役割等」を参照すると，新カリキュラムにおいて「刑事司法と福祉」は刑事司法領域におけるソーシャルワークを学ぶ科目であると位置づけられる．

　旧カリキュラムの「更生保護」と比較すると，授業時間数は倍増して 30 時間となり，必修科目化された．また，科目のねらいは更生保護を中心とするものから刑事司法全体へと拡大し，社会福祉士・精神保健福祉士の役割について学習することが明確化された．したがって，テキストの編集に当たってはソーシャルワークの観点から「刑事司法と福祉」をどのように学ぶのかについて検討した．

　ソーシャルワーク教育の観点からみたテキストの企画・構成にあたっては，上述の福祉人材確保専門委員会報告書に示された役割等との関係では複合化・複雑化した課題，業種横断的な関係者との関係形成や協働体制，コーディネーション機能などの内容は，刑事司法領域でのソーシャルワークで取り扱うことができると考え，他科目との関係も考慮した．そして，①なぜ，この科目を学

ぶのかを伝えること，②社会と犯罪，刑事司法・少年司法の基本的内容を示すこと，③想定される読者層も考慮しながら，理論も記述すること，④厚生労働省のカリキュラム案に示された項目を網羅しつつそれ以外の項目も取り入れること，⑤国家試験対策とは切り離すこと，を基本方針とした．

話題提供2 「刑事司法と福祉」をどう教えるか──テキスト執筆者の法学系教員の立場から　　森久智江

　2000年代半ば以降，「司法と福祉の『連携』」の理論知・実践知が積み上げられてきた中，この領域を捉えるための視点を，双方の専門職養成の過程においてどのように共有していくのかが重要課題の一つとして認識されてきた．福祉職に向けた研修や今次の『刑事司法と福祉』のテキスト執筆・編集にあたって留意したことは，この科目を「何をするために何を学ぶべきものなのか」を明確にすることであった．これは，法学部において（法学そのものではない）犯罪学・刑事政策を学ぶ際に重要なこととも通じる．法学学習の過程で当然に用いられる「人権保障」という言葉を，形式的に理解するのみならず，どうすれば「人権が保障されている」という状況が実質化されているといえるのかを考えることが重要であって，それこそ現実の社会課題に対する実効性ある創造的対応に繋がるからである．

　今次のカリキュラムの要点は，①従前の科目「更生保護制度」との差異を明確にし，時に実務と法規定が乖離している刑事司法の現状を総体的に理解できるようにすること，それにより②刑事司法の中に置かれた「人」の理解につながるようにすること，③犯罪現象とそれが生じている社会という「場」そのものについて考えられるようにすることである．結果として，犯罪とその背景にある（多様な福祉的課題を含む）社会課題との繋がりを明確に意識し，福祉が果たすことのできる役割や，他職種連携における独立性の理解を前提とした実践を企図できるのではないかと考えている．

話題提供3 「刑事司法と福祉」の講義を展望する　　木下大生

　国立重度知的障害者総合施設のぞみの園の研究員時代，罪を犯した人の課題と出会った．当初は，自らの処罰感情が強く，犯罪に至った人の支援の必要性

を理解することができなかった．しかし，初犯で重大犯罪でない人の場合，被害弁償ができたか否か，適切な謝罪ができたか否か，身元引受人がいるか否かで実刑になるかどうかが決まるという事実を知り，価値観が 180 度転換し，その支援の必要性を理解するようになった．

　司法と福祉の連携の実践において，ソーシャルワーカーの立ち位置が何かを考えさせられることが多かった．

　「刑事司法と福祉」で何を教えるかという課題であるが，司法領域のソーシャルワークは特別なソーシャルワークではないという視点が必要である．また，ソーシャルワークに内在するパターナリズムを意識し，その克服を検討する必要もある．刑事司法と関わると福祉は司法化すると言われる．不必要な管理・統制による本人不在の支援，そこから生じる無意識の人権侵害，差別・偏見・スティグマの助長，不寛容な社会情勢への加担などが心配される．

　司法福祉の専門家が非常に少なく，多くの大学ではこの科目の担当教員がソーシャルワークを専門としていないことが多いのではないかと危惧する．新設されたこの科目で何が教えられるかを非常に心配している．

3　議論

　本分科会参加者の多くは，「刑事司法と福祉」を担当する大学教員であった．中央法規の「刑事司法と福祉」は内容が多岐にわたっている上やや難しいのではないか，学生の理解を促進するための補助教材はないか，加害者側だけでなく犯罪被害者の話題をしっかり取り上げるべきであるなど教育実践上の意見が多く出された．この科目は，その土台としてソーシャルワーク概念が身についていることが必要である．他方，この科目の学習によりソーシャルワークとは何かを深く考えることになる．配当学年は，4 年制大学の場合 2 年生から 4 年生までさまざまであるが，必ずしも応用科目と考える必要はなく，ソーシャルワークの基礎をしっかり固める端緒になる可能性もある．将来的には，法学部学生の福祉の学びと併せて，学部・学科を超えた教育実践を考えてもいいのではないか．

DV 加害者プログラムを現行制度の中で
どう位置付けるか——少年司法手続をモデルに

How to Incorporate the Domestic Violence Perpetrator Program into the Japanese Legal System:
Using the Juvenile Law Process as a Model

企画者・話題提供者：松村歌子（関西福祉科学大学）

話題提供者：清末愛砂（室蘭工業大学大学院）

話題提供者：宮園久栄（東洋学園大学）

話題提供者：井上匡子（神奈川大学）

1 分科会企画の目的と概要　　松村歌子

　日本の DV 施策では，被害者が加害者の元から離れることを前提とした安全確保及び自立支援にかかる対策が中心となり，加害者対応が不十分であり，真の DV 対策にはつながってこなかった．犯罪者ではない者に対して，加害者プログラムの受講を強制することが躊躇され，加害者は暴力の責任を問われることなく，自らの暴力的・支配的な行動パターンのまま，社会生活を送り続けてきた．DV は再犯・再加害の可能性が高く，私的な領域の中での暴力であるからこそ，加害者への働きかけが大変重要となるのに，再犯防止計画からも漏れ，従来の刑事司法的対応では真の問題解決につながっていない．日本でも，DV 加害者更生教育プログラム全国ネットワークが設立され，加害者プログラムを実施する民間団体も増えてきたが，任意参加の現状ではプログラムが必要な者にアプローチできていない．

　本分科会では，諸外国の法実践を参考にしながら，加害者プログラムを現行制度にどう位置付けるべきか，DV 防止法改正を含め保護命令制度について司法の役割を再確認した．

2　話題提供

話題提供1　DV施策における裁判所の役割と加害者プログラムの実施のあり方　　松村歌子

　被害者支援の一層の充実のために，加害者プログラムの受講などを通じて，加害者本人の行動変容や実際的な暴力被害の軽減に向けて働きかけることが必要であり，事件の重大化を防ぎ，早期対応・暴力の予防が可能となる．本報告では，実効的な被害者支援の一環として，加害者プログラムの受講命令を司法制度に組み込み，履行を確保するために，諸外国の実践を参考に検討し，加害者への働きかけは裁判所が行うべきであり，加害者アプローチを日本に入れるにあたり，家裁の制度を活用して運用できないかという提案をした．

話題提供2　シンガポールの司法改革とメディエーション制度の強化──DV被害者保護への影響　　清末愛砂

　シンガポールでは，2014年の家族司法制度の大幅な改革により，裁判所の再編，および家族司法制度に関する新しいアプローチが導入された．具体的には，家庭裁判所や若者裁判所等から構成される家族司法裁判所が設置され，家事紛争解決で裁判官がより積極的な役割を果たすことが求められることになった．また，子ども中心アプローチが採用され，子の代理人制度の導入，メディエーションやカウンセリング制度の強化がなされ，離婚に際しては21歳未満の子がいる場合，当事者はメディエーションへの出席が義務づけられている．

　シンガポールでは，法定離婚事由に同居を期待できないような配偶者の不合理な振る舞いが含まれているため，DVを理由とする離婚の申立てが可能である．子ども中心アプローチの下で離婚手続が進められる中で，裁判所はDV事案に対するメディエーションやカウンセリングをどのように捉えてきたのか．被害者保護に影響は及んでいないのか．本報告では，家族司法改革の概要とこれまでの歩みを紹介しつつ，これら2点について検討した．

話題提供 3　日本型 DV コートを目指して　　宮園久栄

DV 防止法は，司法と行政による緊急時の保護（安全確保）のしくみを定めたところに特徴があるが，結局のところ被害者が今ある「DV」から逃れることによって担保される緊急時の安全の確保を目的とした「逃げる支援」でしかなく，しかも 4 回の法改正を経てもその目的も十分に達成することはできていない．もはや部分的な法改正では不十分であり，抜本的な改革が必要ではないか．本報告では，少年司法手続をモデルに，家庭裁判所を中核とした日本型 DV コート案を提案した．

話題提供 4　被害者支援と加害者アプローチの交錯と司法の役割
——次に進むための理論的整理として　　井上匡子

生活の場での人権侵害・複合的暴力である DV ケースでは，被害者支援と加害者アプローチが単純に同一の方向を目指せないことも多い．しかしながら，被害者の効果的な支援，とりわけコミュニティにおける自立へ向けた支援のためには，加害者へのアプローチや働きかけは不可欠である．したがって，両者を交錯させつつ制度を組み立てていく必要がある．本報告では，現在進行中の DV 防止法の第四次改正のその先へ進むために，新しい司法の役割に関して司法福祉の観点から理論的な整理を行うとともに，日本型問題解決型裁判所の可能性を模索し，被害者と加害者との非対称性の評価，そもそも DV という暴力・犯罪そのものに関する把握や評価のために取られてきた複数の軸（VAW，GBV，FV）の違いなどについて，議論した．

3　まとめ

指定討論者の町村泰貴教授（成城大学）から以下のようなコメントがあった．

本分科会では，逃げない被害者への救済の必要性，加害者アプローチの不足が統計などから示された．刑事司法は過去への制裁という形で行われてきたが，DV 対策は将来に向かって行うものであり，刑事司法の中で少年法と親和性があること，加害者への働きかけは裁判所が行うべきであり，加害者アプローチの導入にあたり，家裁システムをフル活用した形で運用できるのではないかと

の観点から，諸外国の DV コートに代わるものとして，家裁の機能を大きく強調し，少年法の更生補導をモデルにして，刑事裁判に行かない DV 事案に対して加害者プログラムを提供するという提案がなされた．

また，後見的・継続的介入を本来の役割としてきた家裁が DV 事案に関わることによって単発的な保護命令というこれまでの役割とは異なり，後見的・継続的に司法が関わることが大いに期待されていることが示された．とはいえ，現行法制度のままでは使えないため法的整理が必要となる．

家裁が関わるメリットとして家裁調査官の専門性には期待できるが，家事調停委員が同様の専門性を備えたメディエーターになりえるのか，DV のある当事者間にメディエーションが可能なのか，DV 被害者保護が厳然として必要であり，それが不十分と指摘されている日本でそこをどう乗り越えるのかも課題となる．

そして，少年犯罪の審判構造では，重大な事件では地裁で刑事処分と更生プログラムを行い，そうではない事件は家裁で更生プログラムを行う．家裁が DV 事件を取り扱うとしたときに，加害者・被害者の離婚と子の監護，加害者プログラムの実施について，どう制度設計するのか．家裁は，事件を処分して終わりではなく，処分の履行過程も含めてずっと関わり続ける役割を引き受けられるのか，課題は大きい．

倒産法の制度ではまさに，裁判所が開始決定をして，企業の更生か清算まで長期間携わり，管財人を通じて関係性が続く．倒産法のような長期的な関わりを，DV 事件を扱う裁判所に求めることになり，典型的な裁判所の役割とは異なる役割を裁判所に求めることになる．DV 事件は，一過的な暴力行為とは異なり，継続的な暴力を取り扱っている．その後に生じたことをどう反映するのか．面会交流や子の引き渡しでよく問題になる．今話題の共同親権制度が本当に導入されるとすれば，問題が多いケースを家裁が取り扱うことが前提となる．子の監護の処分も 1 回しただけでは終わりではなく，子が大人になるまで関わり続けることになるだろう．親からの虐待を防ぐために，子を観察することも裁判所の役割になるかもしれず，継続的に裁判所が関わり続ける形になるかもしれない．

フロアからは，家裁調査官経験者からの声として，家裁調査官は，事実の確

認や生い立ち，感情を聞く訓練をしており，攻撃的・粘着的な人が来ても対応できる訓練をしていること，少年事件では，罰することも必要だが，立ち直ってもらうという理念が非常に重要であり，DV事件に使えるところが多いし，家裁がDV事件を担当するにあたり，人員的な課題も何とかなるのではという意見や，認知の歪みを持ち，自身の被害者性を強調する加害者もいるため，司法の枠組みの中でプログラムの受講を促す仕組みがあると助かるといった意見や，今後の離婚や共同監護の議論を進めていく上で，プログラムを受けてもらうという方向性は大事だが，プログラムを誰がやるのかが心配との意見もあった．

　井上からは，DV事案に関する司法手続を，少年司法手続を参考に再構築する試みに関して，家裁の専門性を発揮しうるとして積極的に評価した上で，そのためには各種の制度的整備・理論的整理に加えて，少年法における「少年の可塑性」に当たるような制度を支える理念が必要であると指摘した．また，そのために，諸外国のDVコートや問題解決型裁判所の実践が参考になる．例えば，ニューヨーク州の問題解決型裁判所は，コミュニティ裁判所として福祉的観点から当事者と長期的に関わることを前提として，制度設計されている．日本の司法においても，例えば破産法の管財人のように専門家がプロセスとして関わる制度もある．それらを参考にしつつ，DV被害者支援と加害者アプローチを乖離させず，交錯させていくことが必要であろうとの説明がなされた．

　宮園からは，保護命令を家裁に移管すれば，もっと使いやすい制度となり，家裁調査官も裁判官に対する処遇意見の中で，保護命令をつけることを提言しやすくなるし，保護命令の種類や内容，対象者が拡大すればより使いやすくなる．少年司法手続のモデルを使う際に，韓国のような統一的な法律相談所など，日本に不足しているものを増やしていく必要があるとの説明がなされた．

＊本分科会は，科研費基盤研究C（一般）「DVの再加害防止に向けた法制度の総合的研究」（課題番号：19K01438，研究代表者：松村歌子）の助成を受けて実施した．

児童養護施設等入所型児童福祉施設における児童間性暴力の予防・早期発見・効果的な介入に関する実践モデル開発に関する研究報告

A Research Report on the Development of a Practical Model for the Prevention, Early Detection, and Effective Intervention of Sexual Violence Between Children in Residential Child Welfare Facilities

企画者：遠藤洋二（関西福祉科学大学）
報告者：永井友基（神戸市中央区保健福祉部保健福祉課）
報告者：原 弘輝（関西福祉大学）
報告者：西川千絵（児童養護施設 大阪西本願寺常照園）

1 企画趣旨の説明　　遠藤洋二

　2017年2月より神戸市に「神戸児童間性暴力研究会」（性暴研）を立ち上げ，児童間性暴力のない児童福祉施設を目指した調査・研究・実践活動を行っている．

　2020年10月から公益財団法人 日本生命財団の助成を受け，「『児童間性暴力 "ゼロ" のためのロードマップ』策定に関する研究」を実施している．児童間性暴力は，「加害児」と言われる児童の個人特性に起因するものとされてきたが，その背景には個人の特性に加え，そのような行為を容認あるいは強化する施設のシステムが存在することがこれまでの研究で一定程度明らかになってきた．このような施設システムの変容するための具体的な取り組みを行うことは，児童間性暴力（加えてほかの暴力も）を限りなくゼロに近づけ，児童にとって安心安全な生活環境を作り出せるものと考え，「児童間性暴力 "ゼロ" のためのロードマップ」と名付けた実践モデルの開発のための研究を実施している．

　全国複数か所の児童養護施設等において，施設内のチームと性暴研メンバー

複数名がワーキンググループを編成し，当該ワーキンググループが協働で児童間性暴力の予防・早期発見・介入に関する施設システム上の課題を抽出し，その課題を解消あるいは緩和するためにこれまでの性暴研が児童間性暴力に関する量的・質的調査の結果も踏まえ，具体的な方法を構築するといった実践モデル策定の取り組みを行っている．

　新型コロナウイルス感染症蔓延の影響を受け，実践モデル開発は予定とは異なる方法を取らざるを得ない状況が続いていたが，オンラインによるワーキングなどを活用しながら定期的に実施している．その中から3か所の実践について報告し，実践モデル開発の現状と課題，当該モデルの効果，今後の方向性などについて議論したいと考えている．

2　報告

報告1　児童自立支援施設での取り組み　　永井友基

　A児童自立支援施設では，性暴力事案のカンファレンスを通じて，施設の現状と課題を抽出した．カンファレンスでは，職員と研究会メンバーがそれぞれ気づきカードを作成し，ラベル化，カテゴリー化を行い，質的に分析を行った．その結果，大別して2つの課題が見えてきた．

　ひとつは，性暴力事案が起きた際，加害児被害児の分離，他児への影響の最小化，再発への防止等，職員対応の課題，もうひとつは，児童への支援内容の職員間共有，今後の支援方針への反映，組織内での指示系統等，施設システムの課題である．

　今後は，抽出された課題に対して，職員対応と施設システムの在り方について協議し，A児童自立支援施設の現状や課題に特化した，具体的な実践モデルの構造化を目指していくことを発表．

報告2　B児童養護施設での取り組み　　原　弘輝

　B児童養護施設ではこれまで，①過去に施設で起きた性暴力事案の振り返りや，②児童の定型発達や性化行動に関する研修，③性的なトピックを題材にした全職員でのグループワーク，④ロールプレイを活用した支援課題の共有とそ

れに基づいた支援計画の策定を進めてきた.

　ロードマップ導入にあたっては，施設における「困りごと」を出発点とし，①を通してアセスメントの重要性への気づきを得，適切なアセスメントを行う際に必要な知識を獲得するために②へつなげた．加えて，③を実施し，施設全体で性の課題に取り組むための素地を育み，④を通じ，日々の生活支援の中に活用する形で試験的に運用を行っていることについて発表.

報告３　Ｃ児童養護施設での取り組み　　西川千絵

　Ｃ児童養護施設では，職員間の性意識の差から生じる処遇基準のばらつきが出やすいという課題が挙がった．性意識は育ちや文化の影響を受けやすく，正解を導くことは困難であり，そして決定づけるものではないこと，さらに施設としてどこまでが許容範囲なのかを議論をする時間が大切であるということを確認した．また，一部の職員でロールプレイを実施し，施設内でのルールや入所後どのタイミングでバウンダリーに関する性教育を実施しておくことが最善なのか，課題を共有しやすい時間にもなった．その後，全職員でのワークショップを展開し，児童へ伝えるときにどのような工夫があるのかを議論する時間となった．施設システムから考えられる課題を評価に変えていくことができる取り組みの発表.

3　実践モデル開発の意義と今後の課題　　遠藤洋二

　本発表で提示される実践モデルは，入所型児童福祉施設における児童間性暴力を対象とした「限定的実践モデル」である．施設への実態調査の中で，各施設が常備するマニュアルの形骸化が多くの施設で認められた．そこで，性暴研では施設職員と研究会メンバーが合同でワーキングチームを編成し，各施設独自の実践モデルを策定するプログラムを体系化しようとしている．実践モデル策定はそのプロセスにも意味があり，完成したモデルを活用し，施設の援助機能を高めるだけではなく，施設風土の変化，施設システムの見直しなどの効果も一定あるものと思われる．今回は，その経過を紹介し，このような方法による実践モデルの策定の意義や課題について議論したい.

4 分科会参加者と意見交換

知的障害者の入所施設内でも性暴力解決にむけて関心があり，過去には加害にも被害にもなったケースがあるうえに，重度の知的障害者への対応に苦慮した話があがる．

当事者の意見表明をどう汲み取るのか，支援者側の理解の仕方にも経験値だけでは図れないものがあるようだ．

児童相談所と施設の連携という視点では，他府県でも，丁寧に行いたいし，行うべきであるという認識はあるものの，現実としては"何かあったときに連絡が来る"というイメージが強く，連絡が来ること＝マイナスのイメージが根強い．日々の生活の中で，何もない時も連絡をとりあえる関係が基盤にあると，問題事案が発生した際の協働する意識や，問題解決に向かう呼吸が合いやすいことを確認する．

知的障害児・者施設では，性教育をほとんど受けていない利用者もいる中，性の課題をどう伝えていくべきなのか迷うという現場職員からの意見も出る．性教育として実施したい部分はあるが，現場は日々の生活を支援していくことに精一杯になるため，どうしても"知っている人頼み"になる傾向が強く，その人がいなければできないという文化になれば，そのまま実施に至らなくなるという率直な意見もあがる．

援助者側の抵抗感を軽減することも大切で，ロールプレイやケース検討会議をするなど現場の困り感をどう汲み取っていけるのかという疑問点が挙がるが，積極的なポジティブフィードバックが効果的ではないかという意見でまとまる．．

非行少年に対する「環境調整」から分析する「改正」少年法

Examination of the Reformed Juvenile Delinquent Act from the Perspective of the Coordination of Social Circumstances

企画者・話題提供者：大貝 葵 （金沢大学）

話題提供者：大塚英理子 （愛知教育大学）

話題提供者：竹中祐二 （北陸学院大学）

話題提供者：梅山佐和 （東京学芸大学）

話題提供者：中村悠人 （関西学院大学）

1　企画趣旨　　大貝 葵

　2022年の少年法改正においては，特定少年（18歳及び19歳の少年）が創設され，特定少年に対する処遇，保護・刑事処分について特例が設けられた．現在，その運用のための法解釈をめぐって，議論が継続している．本分科会では，少年法1条が定め，かつ，少年司法の領域において重要な機能を果たしているとの共通の理解を得ている「環境の調整」（以下，「環境調整」）に焦点をあて，改正少年法が及ぼす影響及び課題を，法学，社会学，及び，社会福祉学（ソーシャルワーク）の観点から検討した．

2　話題提供

話題提供1　　大塚英理子

　まず，法改正に関する法制審の議論を確認した．法制審の関心の中心は，特定少年の再犯防止にいかなる処遇が有効であり必要であるのかであった．処遇の有効性は「悩の改善」のみを問題としており，環境調整を視野に入れた働きかけを想定していない．他方，参考人として呼ばれた実務家からは，少年の犯

177

罪・非行の背景には家庭や交友関係などの環境の問題が関係しており，親子関係や，家庭と学校との間の調整を調査官が担っていることが述べられている．しかし，委員からは交友関係や家族関係といった環境面を再犯リスクの主たる要因ととらえたうえで，社会内での処遇だけでは再犯防止や改善更生が難しい場合には問題のある環境から分離して集中的な処遇を行う必要性も強く指摘されていた．法制審の議論の中では，まさに，個の改善に議論が収斂し，環境調整の重要性に対する認識が後退しているという課題が浮き彫りとなった．

話題提供2　　竹中祐二

　では，そもそも，少年司法手続きにおける環境調整とは，どのようにとらえられてきたのか．この点，家裁調査官による「環境調整」に焦点化しつつ，家庭事件研究会『ケース研究』に所収されている，「ケース研究」という同名のコーナーにおいて扱われている少年事件に関わる記事を分析し，確認することを試みた．最終的に分析対象とした96本の論稿について，（タイトルを含めて）「環境」という語の用いられ方を記述内容・文脈に即して分析し，以下の三点を明らかにした．まず，ほとんどの場合，今も昔も，「環境」は「非行」の要因であるとして理解されていると言える．そして，二つ目に，「環境」だけが「非行」の要因であるとは考えられていないが，「悪い環境」が「非行性」を生む・促進すると理解されていると言える．第三に，「立ち直り」等との関わりで「環境」について言及される例は少なく，かついずれも本人の「変容」における好適の場と考えられていると言える．まとめると，必ずしも「本人の非行性を責める」といったまなざしが前景化されている訳ではない一方で，本人の「改善」を求めていることが読み取れた．

話題提供3　　梅山佐和

　以上のようにとらえられてきた司法領域における環境調整の課題は，例えば，ソーシャルワークにおける環境の理解および働きかけと比較すると明らかになる．ソーシャルワークでは，ライフモデルやシステム理論に基づき，「個人」と「環境」の双方を相互作用的に理解する基本的視点が用いられる．それにより「非行」という問題は，「個人」-「環境」の交互作用の結果として生じ

ており，「生活」の場が限定されやすい子どもは，より環境の影響が大きくなる（エラーが固定化・悪化しやすい）．そのためまず，ミクロシステム（個人・家族），メゾシステム（学校・地域・その他），マクロシステム（法制度・社会規範・その他）という「個人」と「環境」に関するアセスメントを行う．それに基づき，本人が主体となって「問題」を解決緩和できるよう，「個人」の適応力と「環境」の応答性を高めるための支援を展開する必要がある．ここから，上記法制審の議論にみられるような，「個の改善」に収斂した形では，非行そのものの理解及びその対応策は十分ではないことが明らかとなる．さらに，環境を調整する目的・目標の設定も重要である．上記のような働きかけは，少年の成長発達への支援を目的にして行われるべきである．仮に，再犯防止に設定されるならば，「再犯をしない」という結果のみへの着目により「個人」の問題に限局したアセスメントおよびそれに基づいたプランニング（閉じ込める，関係の断絶など）となり，少年は「抑圧・排除の対象」となってしまうおそれがある．

話題提供４　　中村悠人

改めて，上記スクールソーシャルワークにおける「個人」と「環境」との交互作用による問題の解決という視点から少年法の保護処分の場面における環境調整を考察した．少年法は少年の「健全育成」を目的とするが，それに少年の成長発達（権）が含まれることは否定され得ない．児童福祉法も少年の成長発達に資する点で少年法と共通している．学校現場での環境の調整と少年法上の環境調整は，その介入場面が異なるものの，それが少年の成長発達に向けられている点で共通する基盤がある．この少年の成長発達を保障するという視点からは，改善という少年個人への働きかけに尽きるものではなく，少年の環境もまたともに，問題解決のために変えていくという方向性が導かれる．他方，健全育成を改善更生とそれによる再犯防止であるととらえる場合，犯罪や非行の原因を個人的資質にのみ還元していく傾向がある．個の問題と環境へのアプローチの交互作用が重要であるとする上記示唆からは，少年法１条が示す，「性格の矯正」と「環境の調整」が少年の成長発達の両輪として機能していくべきとの解釈が妥当である．さて，少年法上の保護処分は強制的に少年に介入するものである．保護処分が環境調整を内在する以上，保護処分の介入根拠による，

179

保護処分の性質の違いが問題となる．この点，特定少年については，介入根拠が激しく争われているが，介入根拠が侵害原理であれ，パターナリズムであれ，健全育成という介入目的が入ること自体はいずれの原理からも否定されるものではない．しかし，侵害原理は介入の根拠を「侵害行為」に見出す．その根拠から，少年の環境にまで介入を行うことを導出できるかは疑問が残る．その意味では，基軸となる介入根拠を侵害原理におくべきではないという解釈の妥当性が導かれる．

3　まとめ

最後に，2022年の少年法改正を環境調整の観点から改めて検討した．侵害原理を根拠に改善更生を目的とした介入が行われるならば，少年に対する保護処分は，「個の改善」へと収斂することになる．環境自体も，それ自体が犯罪を生じさせているネガティブなものとしてとらえられる可能性が高まる．そうなると，環境を「調整する」のではなく，問題がある環境から切り離すことのみが焦点化されかねない．その結果，調査官調査も，環境「調整」ではなく，新たな環境の設定に主眼が置かれ，保護処分終了後を見据えた，少年のこれまでの生活環境の調整は期待できなくなる．さらに，新たな環境の設定の保険として，少年院送致の言渡しを可能にしておきたいとの考慮が強く働けば，犯情の軽重の考慮において，少年に不利益な要素に主眼が置かれかねない．

4　討論

フロアとの議論では，調整されるべき社会のあり方そのものをいかにイメージし作っていくのかや，社会資源の創出の必要性が指摘された．また，目指すべきは本人のWell-Beingの増進であることに着目するなら，支援者のバイアスにより支援が展開されていないか，連携によりある種の枠に支援対象者を落とし込んでしまっていないかに注意する必要があることも指摘された．さらに，少年法領域において使用される要保護性や非行性というものに対する違和感が，福祉側にあるか否かという問い対しては，それらがニーズの不十分な状態を表

すものであれば福祉とのずれはないが，再犯の危険性だけを考えている場合には問題が生じるとの応答がなされた．また，環境調整の重要性は理解できるものの，社会資源の豊富さや調査官の環境調整能力への疑問がだされた．フロアから，従来，調査官は，限られた資源の中でパターナリスティックなかかわりをしてきたが，特定少年に対してどこまでのことができるのか，どのような形で成長発達を保障できるのかが問題であるとの応答があった．

受刑者を親にもつ子どものためにできること
——子どもたちのための冊子づくり

What We Can Do for Children of Incarcerated Parents: Creating a Booklet for the Children

企画者・話題提供者：矢野恵美（琉球大学）

話題提供者：松村歌子（関西福祉科学大学）

話題提供者：立石直子（岐阜大学）

話題提供者：齋藤　実（琉球大学）

1　分科会企画の目的と概要　　矢野恵美

　受刑者を親にもつ子どもについては，「子どもの権利条約」9 条（親と引き離されない権利）との関係で，「子どもの最善の利益」に適うよう対処するよう「国連被拘禁者処遇最低基準規則（ネルソン・マンデラルールズ）」でも指摘されている（規則 29，規則 60 等．女性受刑者と子どもについては「バンコク・ルールズ」規則 49 ～ 52 等に規定がある）．

　しかし，日本においては，「受刑者の子ども」の問題は，あくまで受刑者について規定された法律の中にしか登場せず，そこでは，子どもが受刑者と共に刑務所内で暮らす場合にも（刑事収容施設法 66 条），子どもが親である受刑者と面会する場合にも（同法 111 条 1 項 1 号），「受刑者を親にもつこども」という子どもの視点に立った配慮は規定されていない．又，社会で暮らす子ども達の置かれた境遇についてもなかなか配慮が進んでおらず，親の犯罪に関して子どもがいじめられる，そもそも親が受刑していることを知らない等の問題が多発している．

　本研究チームでは，海外の状況等と比較しながら日本の問題点を指摘してきた*．しかし，日本においては，法務省矯正局が受刑者の子どもへの配慮を実

施するという方向には必ずしも進んでいない．そこで，今回，社会で暮らす子ども達が，教師や友人に刑務所について理解してもらったり，刑務所にいることを知らない子ども達への説明に使用してもらったりすること等を意図して，親の受刑内容について知らせる冊子づくりを行うこととした．

　本分科会では，まず①受刑者を親にもつ子どもに関係する規定と状況，②矯正局の資料等から読み取れる受刑者を親にもつ子ども達の状況，③福祉の側から見た子どもの状況，④家族法の視点から見た子ども達の状況等について紹介し，今回作成した受刑者を親にもつ子ども達のための冊子づくりについて報告した．

＊小特集 犯罪者を親にもつ子どもについて考える『法律時報』第89巻6号（2017年），
　矢野恵美「受刑者を親にもつ子どもについて考える」『刑政』第128巻第1号（2017年）1
　4-29頁等．

2　話題提供

話題提供1　親が拘禁されている子どもへの支援の現状と日本の社会的養護
　　　　　　　松村歌子

　児童虐待防止法が制定されて以来，児童虐待相談対応件数は毎年増加している．児童虐待防止対策の一層の強化とともに，被虐待児への支援として，社会的養護の質及び量の拡充が求められている．本報告では，児童虐待相談対応および社会的養護の現状を概観したうえで，親が拘禁されている子どもへはどのような支援がなされるのか，特に児童養護施設に措置された子どもにどのような支援が必要かについて検討した．

話題提供2　社会的養護にある子どもの親を知る権利
　　　　　　──出自を知る権利を手がかりに　　立石直子

　自らのルーツについて知ることは，アイデンティティの確立にとって不可欠である．自らのルーツに関する情報には，当然ながら親についての情報も含まれる．親の犯罪により，一時保護，そして児童養護施設で暮らす子どもたちにとって，親について知る機会はどのように確保されているのだろう．また，そ

の権利性は，法的にはどのように捉えられるだろうか．本報告においては，昨今，活発に議論されている出自を知る権利を手がかりに検討した．

話題提供3　親が受刑中の子どもを支援の対象にできないのか？──フィンランドの経験に学ぶ　　齋藤　実

　日本では子どもは母親である受刑者としか暮らすことができない．しかし，子育ては母親だけの役割ではない．高福祉，男女平等先進国であるフィンランドにおける受刑者を親にもつ子どもの状況を，最新情報を基に報告した．

話題提供4　受刑者を親に持つ子どものための冊子づくりの経緯とその過程から見えてきた課題　　矢野恵美

　子どもの権利条約を根拠の1つとして，「受刑者を親にもつ子ども」達への配慮が進んでいる国がある一方，日本では実施主体が定かになっていなこともあって，配慮が進んでいない現状がある．そこで，本研究チームでは，社会で暮らす子ども達が，周囲の人に，刑務所での暮らしについて理解してもらうこと，刑務所にいることを知らない子ども達の周囲の人達が子ども達に刑務所での暮らしについての説明に使用してもらうこと等を意図して，刑務所での暮らしについての冊子づくりを行った．その作成過程と，完成した冊子の内容，作業過程で感じた課題を報告した．

3　コメント

(1)　一般社団法人ダルクおおきな和代表理事・杜　宙樹氏からのコメント

　子ども3人とは離婚後も定期的に会っており，関係性は良かった．自身が覚せい剤取締法違反で逮捕・収監された当時，幼稚園から中3で，元妻は，子どもにどう伝えたら良いかわからず「お父さんは海外に行って，行方不明になった」と伝えた．後になって子どもたちにその当時の気持ちを聞いたとき，「人には言えない恥ずかしいことがあるのか」，「大人たちが説明をはぐらかしてしっかり説明してくれない」，「父親自身からの説明がなかったことで大きなショックを受けた」，「隠そうとしたことに軽蔑した」等と言っていた．

　自身は，依存症という病気であるという捉え方ではなく，違法薬物を摂取した犯罪者であるという思いから，子どもにきちんと向き合ってこられなかった．出所後17年，無事に再犯することもなく過ごしている．SNSでの活動報告を見てくれた子どもからアクセスがあったことを契機に，7年半の間，関係性が途絶えていた子どもに会いに行き，話をした．自分の方が会うのに緊張していたが，子どもから「大変だったね」と言われ，ダルクで頑張っていることなどを認めてくれたこと，「おやじ」と呼んでくれたことに感無量だった．それで壁が崩れ，子どもたちが受け入れ，許してくれて，「刑務所ってどんなんだった？」と聞かれた．刑務所内で鎖につながれている，刑務官に殴られているといったイメージがあるようだった．自身は，ダルクのおかげで，その後は再犯することもなく過ごしているが，在所中は出所後の生活が怖く感じた．ダルクという受入れ先が決まり，何とか生きていかないといけないという思いから，刑務所内での生活を有意義に過ごすという思いに切り替えることができた．刑務所内で英検2級の資格も取り，工場担当で役割を任されるようになった．腕章を巻いて，レクリエーションの係で工場を引っ張っていくことで，「刑務所に行って俺は終わりだ」という思いから，「こんな俺でも人の役に立てる」と感じ，週に7冊本を読み，英語を勉強し，宗教の講話を聴くなど充実した毎日を送るようになった．

　一般的に，子どもたちは，刑務所がどのような施設かわからないし，どんな劣悪な環境なんだろうと思っている．親が刑務所にいる（いた）ことを学校や職場で言われたりもする．刑務所は人間失格のような人たちが行くところという印象があるのかもしれない．今回の冊子を通じて，きちんと理解してもらえる機会があるのはありがたい．海外には，親子が週末過ごす場所，親子が面会する場所がある刑務所や，親子が共に生活しながら回復を図る施設がある．親子が分断されることなく支援がなされるようになると良い．

（2）フロアからのコメント

　日本では刑務所で親子面会ができても，アクリル板で囲まれた部屋でしか会えない．日本でもネルソン・マンデラルールズやバンコクルールの遵守，小さい子どもとの面会を促進していく必要があり，母子交流のサポート，チャイル

ドフレンドリーな面会室，子どもの目線からの矯正施設の見直しなど，多くの
課題について今後も検討していく必要があるとの意見があった．

4　まとめ

　国際ルールでは，できるだけ親子分離を避けるべきといった提言がされてい
るが，日本では，社会的養護の視点からは犯罪者である親とは切り離した方が
良い，親子分離が当たり前という発想が多い．子どもの権利条約やネルソン・
マンデラルールズとの関連では，刑事施設におけるチャイルドフレンドリーな
部屋での面会の実現についての提言は引き続きしていきたい．子の最善の利益
が一番だが，誰が判断するのかという点の議論が日本では足りていない．フィ
ンランドでは社会福祉が充実しており，地域の社会福祉士が判断する．日本で
は，子の養育の可否は施設長が決める．その際に子の最善の利益を検討してい
るのか不明な場合も多い．かなり根本的に制度を変えないと，抜本的解決にな
らないだろう．子どもが刑務所で親と暮らすことは最後の手段という考えは多
くの国で取られている．子の最善の利益といったときに，諸外国では親の受刑
によって，一定の期間，子どもを育てられないことが明確なので，その期間親
権を一時停止するという国もある．親が刑務所にいることを子どもが知るべき
か否かについては，子どもの権利の話であり，知る権利があるというのが EU
では主流となっている．そこを切り分けて考える必要がある．子の最善の利益
を children centered で考え，子どもの保護というパターナリスティックな考え
方ではなく，子ども自身の成長に合わせた，子どもの知りたいという気持ちに
応える仕組みを作り，ケースバイケースでその子どもの最善の利益に適う方法
を考えていく必要がある．

＊本分科会は，第 49 回三菱財団人文科学研究助成「ジェンダーの視点から見た『犯罪者を
　親にもつ子ども』への支援と法」（研究代表者：矢野恵美）及び，科研費基盤研究 B（一
　般）「児童虐待・DV における暴力の継続性に着目した対応（犯罪化）に関する多角的研
　究」（課題番号：22H038628，研究代表者：矢野恵美）の助成を受けて実施した．

児童虐待死亡事例について裁判記録等を用いた事例研究による人材育成について

Human Resource Development Through Case Studies Using Court Records on Child Abuse Deaths

企画者・話題提供者：齋藤知子（帝京平成大学）

話題提供者：大塚淳子（帝京平成大学）

話題提供者：鈴木香奈子（板橋区子ども家庭総合支援センター）

話題提供者：松田和哲（よつかいどう法律事務所）

進行：高橋幸成（福音寮）

1 企画趣旨　　齋藤知子

　本研究は，児童虐待に関わる児童相談所，児童家庭支援センター，市町村担当者などの専門職を，子どもの虐待を早期に発見し適切な対応が出来るような人材に育成するための研修プログラムの開発を目的とする．ここで提案する研修で使用する教材は，虐待事例の刑事裁判記録を用いて，事例研究に適用できるようにフォーマットや表現方法を開拓し，従来の検証報告との比較を中核に据え，独自の分析を示したものである．裁判記録等を用いて事例研究をおこなうことで，行政による検証報告の結果だけでは到達し得なかった加害親や関係者の事件が発生する前の家庭事情や心情を知ることが出来る．さらにソーシャルワークの観点を加味し，今後の児童虐待死防止に有効な介入方法等を考察することで，児童虐待に関わる専門職への有効な研修となると考える．

　今回，用いた事例は，大会テーマにかかわる，加害者に当時 18 歳の少年が含まれている．また，保護者の精神科入退院が児童の保護の判断に大きな影響を与えていることから，話題提供者には，児童福祉司，精神科 PSW，弁護士，児童養護施設職員にそれぞれの立場から事例研究に参加していると想定し，意

見を述べて頂き，さらに専門職の人材育成についての考察を発表して頂いた．

【事例の概要】

①実母（47歳・無職），姉（18歳・無職），姉の友人（18歳・女性・無職・同居）が，本児（14歳男児）に対し，頭部・背中等に熱湯をかける等の暴行を加え，火傷等の傷害を負わせて死に至らせたもの．

②母が入院し，姉（17歳）と本児（13歳）のみの生活になり，福祉事務所と児童相談所が関わるが姉も本児も保護を拒否する．同居の姉の友人は成人男性と偽っており，姉は積極的に保護の対象とはせず，本児のみの保護を検討していた．その後，本児が食品を万引きし警察から身柄付通告による一時保護をした．一時保護中に母が退院し，引き取りを希望したが，姉の友人の存在を理由に本児が施設入所を希望したため，児童養護施設に措置となる．

　母から施設に電話があるが本児が拒否し取り継がず，その翌日，中学校への通学途中で母，姉，姉の友人に自宅に引き戻され，そのまま，施設への帰園を拒否し，約7か月後に事件が発生した．

2　話題提供

話題提供1　精神保健福祉士の視点から考える　　大塚淳子

　虐待事例で，母親に精神疾患がある場合には，治療を担う医療機関で家族構成等を本人や関係者からの情報を得て把握する．その場合，疾患や障害から育児や家事に影響を及ぼす可能性が高いため，家族全体を視野に入れて他機関との連携や協働での支援介入をするのが望ましい．母親の症状及び育児・家事困難は当然ながら子どもの成長に影響を及ぼし，子どもの発達課題や情緒面の課題は母親の症状に影響を及ぼすため，親子への心理的支援が必要となる．本事例では母親の入院時に子どもたちの生活への手当がされず，連携があまり窺えなかった．ジェノグラムをみるだけで親族にサポートを望めない状況が窺えるが，ソーシャルサポートネットワークの弱さは虐待のハイリスクとなる．

　本事例は母親だけでなく，加害者となった長女やその友人も深刻なトラウマを抱えた状態にあると考えられ，それぞれ異なる支援課題を抱える者がいる複雑多問題事例と捉えられる．特に深刻な問題を抱える，または援助希求力の弱

い対象者の支援担当者・機関は，個別支援と同時に，その対象者に寄り添いながら支援ネットワークを築くことが重要である．支援制度や機関は時間帯や制度で分断されるが，連続体である生活に合わせた連携（のりしろ）が必要と考える．また，加害者，被害者と切り分ける前に，加害者側の被害者性，逆境的体験への視点，TIC（トラウマインフォームドケア）の視点を多くの支援者が養う必要がある．

話題提供2　児童相談所の現場から　　　鈴木香奈子

　児童相談所は児童の意向にかかわらず保護できる権限を持ってはいるが，事例研究の案件は14歳と年齢が高く，児童の意向も尊重して対応しなければならなかったため，実際のケースワークは非常に難しい事例である．

　児童が一時保護を拒否する，施設を退所したいといった場合，家庭の状況や家族の力関係をしっかり把握した上で，児童からどう気持ちを聞き出すか，聴き取り場面の設定の仕方や話の聞き方などのスキルを高めていかなければならない．児童福祉法が改正され，子どもの意見表明権を現場でいかに実効性のあるものにするかは児童相談所の大きな課題である．

　また，本事例は表面的には「母の疾患によるネグレクト」とみえるが，関係者会議で児童相談所が「情報交換しながら，本児の意思確認を優先する」としたものの，本児と会えず膠着した状態の中で事件が起きてしまった．裁判で明らかになった家族の動きを知ることで，膠着した事態を動かすために，関係機関との会議の持ち方や，児童相談所としてどうアプローチしていくべきだったのか検討を深める必要がある．

　児童虐待で死亡事件が起きると，児童相談所は事件の関係者と接触が難しくなり，家族の中でどんな動きがあったのか詳細を知ることができない．職員のアセスメント力を向上させるためには，何よりも現場で実践を積み，振り返りをしていくことが重要であるが，裁判事例は職員の関心も大きく，切迫感をもって取組むことができる教材になると考える．

話題提供3　弁護士の視点から　　　松田和哲

2021年改正少年法は，18歳，19歳の者を特定少年として，少年法の適用対

189

象に残しつつ，特定少年の処遇に関する特則を定めた．

　本事例の加害者2名は，特定少年に該当する．傷害致死事件が62条2項1号に該当するいわゆる原則逆送事件にあたるため，加害者のうち特定少年である2名は，犯情を減じる特段の事情がない限り，逆送され刑事処分を受けることとなる．この点，改正前も20条2項の原則逆送事件であったため，法改正前後で変化はない．一方で，改正少年法において特定少年には不定期刑の適用がなくなった．そのため，逆送後の刑事裁判で，本事例の加害者2名は，成人同様の定期刑に処されることになる．加害者が少年であることがどのように量刑上評価されるかが不透明ではあるが，言い渡される刑は，改正前の不定期刑の長期よりも重くなることが予想される．

　さらに，人材育成については，近時，児童相談所に弁護士が採用される事例が増加している．児童福祉の分野で必要とされる知識は，一般の弁護士業務において扱うことが少ない分野であるから，その人材育成は，従前，OJTによるところが大きかった．しかし，勤務弁護士の増加により，一般の弁護士にOJTの機会が少なくなったので，人材育成が課題となっている．裁判事例は弁護士にとってなじみが深いものであるから，本事例のような裁判事例に基づいた研修は有益であると考えられる．

3　まとめと課題　　高橋幸成

　ソーシャルワークは相談・援助と調整機能をその大きな役割としている．介入の見極めとその後の対応には，関係する専門職，各機関の的確な判断と，ち密な連携・協働体制が必須である．本分科会では，児童虐待死亡事件について，関係する専門職，関係機関の甘い見立てや見通し，不十分な連携，情報の不足等が複合して重大な結果に至った事例を様々な角度から検証した．フロアーの参加者からは，その知見，経験を踏まえた率直な意見・感想が寄せられた．検証を通して，児童虐待対応に関わる専門職人材の育成，関係者・関係機関の協働・連携の必要性と児童の権利擁護のためのソーシャルワークの重要性が改めて浮き彫りとなった．ソーシャルワークは支援の根幹であり，その向上への不断の努力が求められよう．

書 評

田中晶子・安田裕子・上宮 愛 [編著]

児童虐待における司法面接と子ども支援

ともに歩むネットワーク構築をめざして

北大路書房・2021 年・定価：本体 3500 円＋税

須藤　明*

　「司法面接」という言葉を最初に聞いたのは，2000 年前後であっただろうか．当時，家庭裁判所調査官として離婚や親子問題などの家庭事件に携わっていた評者は，児童福祉法第 28 条による児童虐待のケースが急激に増加していたこともあって，被害に遭った子どもの情操に配慮しつつ，子どもからできる限り正確な情報を収集していく技法や手続きが体系化されていることに大きな衝撃を受けた．あれから 20 数年，現在では，司法領域で仕事をしていない専門家でも，司法面接を知らない者はほぼ皆無といって差し支えない状況になっている．しかしながら，「事実を把握するための技法」以上の詳細な中身になると，おぼつかなくなってしまう人も多いのではないかと思う．それは，司法面接が司法領域における課題を克服する試みから生み出された技法であるため，例えば，心理アセスメントや心理支援を主な業務とする心理専門職にとっては，カウンセリングと対極にある異質な面接技法と映っていたことが影響しているのかも知れない．

　諸外国，主としてアメリカやイギリスでは，1980 年代から子どもの虐待，特に性虐待が注目されるようになり，そうした子どもの保護とともに子どもから被害を聴き取る作業が行われていたのだが，不用意な誘導その他により，虐

---

*文教大学人間科学部教授

待の認定がなされてしまう冤罪事件や不必要な親子分離がなされる問題が生じた．そのため，記憶の汚染に伴う虚偽記憶（false memory）の形成過程等さまざまな研究に基づいて，「子どもに二次被害を生じさせない配慮」と，「事実の正確な聴き取り」という両者を成立させる司法面接が生まれたのである．今日において，米国国立小児保健・人間発達研究所（National Institute of Child Health and Human Development: NICHD）が開発した NICHD 面接プロトコルは日本でもよく知られており，これに基づくトレーニングを受けた人も多い．また，司法面接は，司法領域に限らず，医療や教育の領域でも活用されるなど広がりを見せている．

　したがって，こうした状況において刊行された本書は，まさに時宜に叶ったものと言える．さらに特筆すべきなのは，本書が司法面接における「事実確認」と「子どものケア」との両立・融合を目指すという，かなりチャレンジングな試みがなされていることである．以下，本書の中身について触れていきたい．

　本書は第 1 部「実践編」と第 2 部「研究編」で構成されている．第 1 部「実践編」では，「子どもの権利擁護と司法面接」，「性暴力被害者支援と司法面接」，「児童相談所における司法面接」，「司法手続きにおける被害者への司法面接」といったテーマで実践報告がなされており，それぞれの領域において司法面接をどのように取り入れているのか，研修なども含めて具体的に論じている．どの章も大変興味深く読ませていただいたが，その導入に当たっての課題も少なからずあると思われた．例えば，教育現場において，本書では虐待の被害を発見した際の聴き取りについて，IC レコーダーとビデオカメラでの録音・録画の使用を推奨しているが，果たして現実的に可能なのかという疑問が湧く．教師本来の業務や現実的な多忙さを考えると，虐待の端緒となるべき最低限の事実を聴取して，あとは然るべき機関（例えば児童相談所）に引き継げば十分ではないかと思うからである．教育現場は虐待に限らず，いじめ，自傷行為など様々な問題を抱えており，教師はそれらの対応で疲弊している．そうした教師が司法面接の考えを理解し，児童・生徒との面接でそれを用いる，応用することは勿論反対ではなく，むしろ，いじめ被害に遭った児童・生徒からの聴き取りではとても有効と考えている．評者は，教員が作成したいじめに関する報告

書を読む機会が何度かあり，事実の調査を理解しないままに漫然と聴き取っている現状も承知している．しかしながら，司法面接そのものをダイレクトに導入してよいのか，その担い手も含めて慎重な検討が必要であると思う．

　第2部「研究編」では，「話したがらない子どもとの面接」，「記憶の変容」，「トラウマ記憶」，「自閉スペクトラム症児・者の記憶特性」，「アタッチメント研究と児童虐待」といった研究が紹介されている．司法面接にとって，記憶は重要なテーマであり，記憶の変容過程について，実験研究の成果も踏まえて分かりやすく解説されている．また，偽りの記憶に関しても，Mazzoni et al.（2001）のモデルに基づき，三つの段階を経て「自分が実際に体験した記憶だと誤帰属し，偽りの記憶が形成されていく過程」が示されている．そのほか，トラウマ記憶の自発的変容，フラッシュバックにおける記憶の歪みなど，司法面接に限らず，虐待や犯罪における被害者の支援に当たっていく専門家にとって必須の知見が紹介されている．また，自閉症スペクトラム症を抱える人の記憶特性や聴取の問題についても同様である．司法面接では，被面接者の自由報告を重視し，開かれた質問（open-ended question）を基本とし，そうした質問の手法は，誘導性が低く，信頼性の高いデータが得られるとしているが，ASDを抱える人にとっては，成人であっても，何の手掛かりも与えないと，想起し自主的に話すことは相当ハードルの高い作業となる．なぜならば，自伝的記憶の想起量や詳細さ・特定性は定型発達者よりも明らかに少ないからである．そうしたことを十分理解したうえで，記憶を想起してもらうための手掛かりをどのように提示するか，それが誘導にならないために留意すべき点は何か考えていかねばならない．その点をしっかり踏まえれば，定型発達者に引けを取らない聴取が可能になるという．こうした知見は，あらゆるシチュエーションでも重要になってくる．例えば，ASDの人が犯罪加害行為に至った場合，取調官のちょっとした言動，例えば，「あなたのお話をまとめると○○ということになるのかな」といったことに，「まあ，そうです．」と安易に同意してしまうことが珍しくない．想起の手掛かりとなる断片的な事実の文脈理解に難があるため，取調官の質問に思うように答えられない苦しさから，取調官の意図しないところで迎合が生じかねないのである．こうした点は，精神鑑定や心理鑑定における面接でも十分留意していかねばならないであろう．

以上，ごくごく簡単ではあるが，本書について紹介してきた．これまで司法面接に関する著書の多くが，日本への紹介若しくは解説的な役割を果たしてきたのに対し，本書はその一歩先を行こうとするものである．また，児童福祉法等の一部が改正され，2024 年年 4 月 1 日から施行となるが，その柱でもある子どもアドボカシーとの関係でも，司法面接が改めて注目されていくのではないかと思う．子どもアドボカシーとは，ご承知のように子どもの最善の利益について発言するさまざまな個人，専門家，擁護団体，またそれらの活動を指すが，その背景には，子どもが権利の主体であるという考え方がある．1989 年に採択され，1990 年に発効された児童の権利に関する条約，通称子どもの権利条約（日本は 1994 年に批准）では，12 条に「意見を表す権利」が定められている．これは，単に子どもの声を聴くという意味だけではなく，子どもを積極的な主体と位置づけているというのが今日的な理解である．子どもの主体性や自己効力感を育むことは，子どもの Well Being の実現にもつながっていく．今回の改正によって，児童相談所での一時保護などの措置を受ける子どもの意見を聴取し，それを伝える支援者の役割が各自治体で検討されているが，司法面接の技法はとても有用になるではないかと考えている．

　さいごに，本書の司法面接における「事実確認」と「子どものケア」との両立・融合といった試みは，どうだったであろうか．その評価は，個々の読者に委ねたいが，こうした臨床実践における工夫や模索が新たな臨床の道を切り開いていくことに違いない．

　なお，編者のあとがきが本書の解題的な役割を果たしているほか，「司法面接開発の歴史と展開」など 9 つのコラムがあり，読者への配慮が行き届いた誠実かつ丁寧な作りになっていることも付言しておきたい．

日本司法福祉学会規約

2000 年 11 月 5 日制定施行
2002 年 8 月　第 17 条（入会金及び会費）改訂
2006 年 8 月　第 1 条（名称）改訂
2014 年 8 月第 17 条（入会金及び会費）改訂
2017 年 9 月　第 8 条（退会）改訂
第 10 条（名誉会員）改訂
第 14 条（役員の任務）改訂
第 15 条（理事会）新設
第 18 条（入会金及び会費）改訂
2020 年 11 月　第 13 条（任期）改訂

第 1 章　総則

第 1 条（名称）

　本会は日本司法福祉学会（Japanese Society of Law and Forensic Social Services）と称する.

第 2 条（事務局）

　本会の事務局は理事会の定めるところに置く.

第 2 章　目的および事業

第 3 条（目的）

　本会は，司法における規範的並びに実体的問題解決の福祉的側面に着目し，問題の適正で妥当な解決を実現することを目指して，これに関連する分野の学術的研究や実務に携わる者が共同して研究を推進し，もって社会に貢献することを目的とする.

第 4 条（事業）

　本会は前条の目的を達成するため，次の事業を行う.

1　研究大会，講演会などの開催
2　学会誌の刊行，その他研究交流に必要な情報の提供
3　内外の関連学術団体・研究者・実務家との連絡及び協力
4　その他本会の目的を達成するために必要な事業

第3章　会員

第5条（会員の資格）

　会員は，第3条に示された目的に賛同し，そこの示された分野にかかわる学識・経験を有する者とする．なお本会の趣旨に賛同する個人・団体を賛助会員とすることができる．

第6条（入会）

　会員になろうとする者は，会員1名の推薦を得て，理事会に申し込み，その承認を得なければならない．

第7条（会費）

　会員は総会の定めるところにより，会費を納入しなければならない．

第8条（退会）

　1　退会しようとする者は，退会届を理事会に提出しなければならない．

　2　会費を2年以上滞納した者は，理事会において，本会を退会したものとみなす．

第9条（除名）

　本学会に損害を与え，または本学会の名誉を著しく傷つけた者は，理事会の発議により，総会において，除名することができる．除名の対象とされた会員は，総会において決議に先立って弁明する機会を与えられる．

第10条（名誉会員）

　1　原則として70歳以上の会員で，次の各号のいずれかに該当する者を，名誉会員とすることができる．

　　（1）会長を務めた会員

　　（2）理事又は監事を通算9年以上又は通算3期以上務めた会員

　　（3）その他前号（1）又は（2）に準ずる役員を務め，本会の発展に多大な貢献のあった会員

　2　名誉会員は，理事会によって推薦され，総会の議決をもって承認された者とする．

　3　名誉会員は，会費及び全国大会参加費の納入を要しない．また，本会の発行する刊行物の配布を受けることができる．

　4　名誉会員は，理事又は監事の選挙における被選挙権を有しない．

第4章　機関

第11条（役員）

本会に次の役員を置く.

1　理事　若干名（うち1名を会長，1名を事務局長とする）

2　監事　2名

第12条（選任）

理事及び監事は会員の中からこれを選任する. 選任の方法については，別にこれを定める.

第13条（任期）

1　役員の任期は3年とする. 役員に欠員が生じたときは，その後任者を新たに選任する. その場合の後任者の任期は前任者の残任期とする.

2　役員の再任を妨げないが，連続して2期までとする. ただし，役員の任期終了から3年を経過すれば，再度の役員就任は可能とする.

第14条（役員の任務）

1　会長は本学会を代表する. 会長に事故があるときは，会長があらかじめ指名した他の理事が職務を代行する.

2　事務局長は会務の執行及び理事会の運営に関する事務を掌理する.

3　理事は理事会を組織し，会務を執行する.

4　監事は会計及び会務執行の状況を監査するとともに，理事会に出席し，必要があると認めたときに理事の職務執行等に関して意見を述べることができる.

第15条（理事会）

1　理事会は，会長が招集し，理事現在数の過半数以上の出席をもって成立する.

2　理事会の議事は，議決に加わることのできる理事の過半数をもって決する.

3　理事が，会務の執行に関する事項について提案した場合において，その提案について，議決に加わることのできる理事の全員が書面又は電磁的記録により同意の意思表示をしたときは，その提案を可決する旨の理事会の議決があったものとみなす. ただし，監事が異議を述べたときは，この限りでない.

4　理事会は，その決議をもって，必要な委員を委嘱し，会務の補助をさせることができる.

5　理事会の議事については，議事録を作成し，会長及び監事は，これに署名押印する.

第16条（総会）

　会長は，毎年1回会員による通常総会を招集しなければならない．会長が必要と認めるとき，または会員の3分の1以上の請求があるときは，臨時総会を開く．総会の決議は，出席会員の過半数による．

第5章　会計

第17条（会計年度）

　本会の会計年度は，毎年4月1日から翌年3月31日までとする．

第18条（入会金及び会費）

1　入会金は1000円とする．
2　会費は年額7000円とする．ただし大学院生を含む学生会員はこれを2000円とする．

第19条（予算・決算）

　本会の予算及び決算は，理事会の議決を経て，総会の承認を得てこれを決定する．

第6章　規約の変更等

第20条（規約変更）

　本規約を変更し，または本学会を解散するには，会員の3分の1以上または理事の過半数の提案により，総会出席者の3分の2以上の同意を得なければならない．

［付則］
1　本規約は「日本司法福祉学会」設立の日（2000年11月5日）から施行する．
2　「日本司法福祉学会」設立準備会加入者は，前項の日より同学会会員になったものとする．
3　本会の設立当初の理事及び監事は，第一回総会で選任する．会長は必要な場合，別に理事1名ないし2名を委嘱することができる．これら役員の任期は，第13条にかかわらず2004年3月31日までとする．
4　本会の設立年度は，会計年度を設立の日から翌年3月31日までとする．
5　第18条にもかかわらず，設立年度の入会者は入会金を必要としないものとする．

［付則］
本規約は2020年11月1日から改正施行する。

日本司法福祉学会 研究倫理指針

第1　総則

（目的）

　日本司法福祉学会は，会員の研究における自己規律と倫理的なあり方を示すために，本指針を定める．

（遵守義務）

1. 会員は，研究過程および結果の公表にあたって，すべての人の基本的人権と尊厳に対して敬意を払わなければならない．
2. 会員は，研究協力者に対して，個人のプライバシー，秘密の保持，自己決定および自立性を尊重しなければならない．
3. 会員は，先行研究を探索し，自己の研究・実践の向上に努めると同時に，自らの研究・実践活動の社会的貢献を意識しなければならない．

第2　指針内容

（1）裁判事例等の発表及び公表

1. 裁判事例等の発表および公表にあたっては，事例に関わる対象者（当事者）の了解を取ることを原則とし，対象者（当事者）を特定できないように匿名化して表記しなければならない．
2. 学会は，大会および研究集会において裁判事例等の発表を行う場合，学会員以外の参加を原則として認めない．
3. 会員は，裁判事例等の発表のために提供された資料の取り扱いについて，発表者の指示に従わなければならない．

（2）研究誌への投稿論文

1. 論文の投稿は，二重（多重）に行ってはならない．
2. 論文の投稿は，根拠に基づき，虚偽や誇張，歪曲のないようにしなければならない．
3. 投稿された論文の査読を行う場合は，査読の匿名性が保持されなければならない．
4. 査読は，発刊された論文の評価を含むものであるから，公正・客観的に批評しなければならない．また，査読に対して，著者から要求があった場合には，その反論が許

されなければならない.
5. 書評についても, 上記と同様である.

（3）研究費
1. 外部資金（研究費）を導入して研究を行う場合には, その会計を明瞭にしなければならない. 研究目的に合致した予算, 予算に合致した使用, 支出に関する領収書などの証拠書類の整理保存を厳密に行い, その使用が不正なものであってはならない.
2. 研究費の供与機関および導入機関の定める執行規程を遵守しなければならない.

（4）差別的あるいは不適切とされる用語
1. 研究業績を著書・論文・口頭等で発表する場合に, 差別的あるいは不適切と考えられる用語を使用してはならない. ただし, 引用文中の語については, この限りではないが, その旨を明示しなければならない.
2. 会員は, 差別的あるいは不適切と考えられる用語であるかどうかに関して理解を深めなければならない.

（5）アカデミック・ハラスメント
1. 大学内・研究所内あるいは共同研究組織において, 上位の権限・権威・権力を持つ者がそれを行使して, 下位の者に対して, 研究・教育・資格付与・昇進・配分等において不当な差別を行ったり, 不利益を与えたりしてはならない.
2. 会員は, 対象を特定し, もしくは特定せずに, 不当な中傷を行ってはならない.

［付則］
1. この指針は, 2008 年 8 月 2 日より施行する.

「司法福祉学研究」編集規程・投稿規程・執筆要領

[編集規程]

1. 本誌は，日本司法福祉学会の研究誌であり，原則として毎年1回発行する．
2. 本誌は，会員の研究論文（自由研究），事例研究，実践報告，学会での報告，その他会員の研究活動に関する記事等（以下，原稿という）を掲載する．
3. 掲載の原稿は，編集委員会の依頼するものと投稿によるものを併せて掲載する．なお，原稿は，会員以外の者に執筆依頼することがある．
4. 投稿は，所定の投稿規程に従うものとする．
5. 研究論文（自由研究），事例研究，実践報告は複数の査読委員による査読を行う．査読の手続きは別に定める．
6. 原稿の依頼および掲載は，編集委員会の議を経て決定する．査読の手続きを経た原稿については，査読結果に拠る．
7. 編集委員会は，掲載予定原稿について，執筆者と協議のうえ，内容の変更を求めることができる．査読の手続きを経た原稿については，変更の要請について査読委員の意見を尊重する．
8. 掲載原稿は，原則として返還しない．

[投稿規程]

1. 投稿資格者は会員に限る．
2. 原稿は未発表のものとする．ただし，学会および研究会発表用として作成した印刷物はこのかぎりでない．
3. 執筆に当たっては，当学会の研究倫理指針を遵守しなければならない．
4. 原稿に，所定の投稿申込書を添付して提出する．
5. 原稿は，原則として，16,000字以内とする．
6. 投稿は，電子メールの添付ファイルで提出する．それができない場合は，編集委員会に申し出て，その指示に従う．
7. 投稿募集に関する情報は，学会ウェブサイトないし学会ニュースに適宜掲載する．
8. 編集規定7により，掲載にあたって原稿の内容の変更を求めることがある．

［執筆要領］
1．投稿申込書に所定の事項を記載する．原稿には，氏名，所属（職名）を記載しない（投稿種別，日本語及び英文タイトルは記載すること）．文中，筆者自身の引用・参考文献の紹介に「拙著」という表現を使わない．
2．原稿は横書きで，1行40字，1ページ行数30行とする．
3．文体は「である」調とする．
4．小見出しの表示は，1，(1)，①とし，それ以上の細目が必要なときには，アイウエ，ａｂｃを使用する．
5．年号は西暦を基本とし，元号が必要な場合には，2010（平成22）年の例に従う．
6．写真，図版，表などは，ワードなどの文字テキストデータ上に画像状態で貼り込むことはせずに，必ず別添で元データをつける．
7．注については，ワードなどの脚注機能は使用しない．本文中の注番号は「上付き片かっこ」とする．注の文章は，論文末に記載する．
8．ルビについては，ワードなどのルビ機能は使用しない．「蜻蛉（とんぼ）」のように本文中に単純に入れる．
9．本文中の引用文献は，（山口 1988：25）の例に従い，論文末（注の後）に引用・参考文献として掲載する．
10．引用・参考文献は引用と参考を分けずに記載し，その記載方式は次のとおりとする．
（1）邦文の場合
　①単著の場合
　　　著者名（出版年）『書名（タイトル－サブタイトル)』出版社名
　②共著の場合
　　　文献上の著者順（出版年）『(書名（タイトル－サブタイトル)』出版社名
　③編書論文の場合
　　　論文著者名（出版年）「論文名」編集名『書名』出版社名，論文初頁－終頁
　④雑誌論文の場合
　　　論文著者名（出版年）「論文名」『掲載雑誌・紀要名』巻（号），論文初頁－終頁
　⑤調査報告書の場合
　　　研究代表者名（刊行年）『タイトル』○○年度・・・・・報告書，研究機関名
（2）欧文の場合
　　　著者のファミリーネーム・ファーストネーム・ミドルネーム（出版年）タイトル：サブタイトル，出版社名
11．図表は本文とは別にして，1頁1図表とする．
12．その他は，編集委員の指示に従う．

投稿原稿の受領から掲載までのフローチャート

『司法福祉学研究』編集委員会

1．投稿原稿を受領 ➡ 投稿者へ受領通知

2．査読者を選定（投稿論文1本につき2人）（査読者リストの作成）

3．査読を依頼（発送文書：査読依頼文書、査読報告書①及び②）
（査読辞退がある場合は代替査読者を選定し、依頼）

4．査読結果の受領

> 査読結果　A：無修正で掲載可
> 　　　　　B：修正後に掲載可
> 　　　　　C：修正後に再査読
> 　　　　　D：不採用

5．編集委員会で集約および検討（査読者の審査結果をもとに編集委員会で検討する）

> ・Aの場合、採用
> ・Bの場合、投稿者へ修正通知→修正原稿受領→編集委員会で点検→採用
> ・Cの場合、投稿者へ修正通知→修正原稿受領→再査読依頼→編集委員会で点検→
> 　採用又は不採用
> ・Dの場合、不採用

6．採用（編集委員会で検討）

7．受理（投稿者へ受理通知）

8．掲載

> （参考）
> 　A+A　：採用
> 　A+B、B+B　：修正後掲載可
> 　A+C、B+C、C+C　：修正後再査読
> 　D+D　：不採用
> 　A+D、B+D、C+D　：第三査読者1名選定→査読依頼

（日本社会福祉学会機関誌『社会福祉学』投稿受領から掲載までのフローチャートをもとに作成し、
日本司法福祉学会 2011 年度総会で承認を得たものである）

[編集後記]

　司法福祉学研究第23号をお届けします．本号には，巻頭言，自由研究（論文）6本，事例研究1本，学会第22回大会（2022東京大会）記事及び書評1本を掲載しました．

　巻頭言では，更生保護法改正の概要と問題点について貴重なご指摘がありました．また，児童福祉法等改正により子どもの意見を聴取し，それを伝える支援者の役割が検討されている段階においては，書評対象図書で取り上げられている「司法面接」が有用になると思われます．土井政和会員，須藤明会員のご寄稿に改めて御礼申し上げます．

　自由研究（論文）や事例研究では，今号においても，司法福祉における重要な課題に取り組まれた意欲的な論考を掲載することができました．実践報告は投稿がありませんでした．会員各位におかれましては，研究論文のほかにも，事例研究，実践報告として積極的に投稿されるようお願い申し上げます．

　2022東京大会記事では，「矯正医療」をテーマとする特別講演，「成年年齢引下げに伴う法的・社会的・福祉的課題」をテーマとする大会企画シンポジウム及び分科会報告を掲載しています．特別講演と大会企画シンポジウムの概要掲載に際しては齋藤知子会員のご尽力に感謝申し上げます．

　末尾で恐縮ですが，本号においても，投稿論文の査読をご担当いただいた査読委員各位に深く感謝申し上げます．

司法福祉学研究 23

発行日　2023 年 12 月 25 日

編　者　日本司法福祉学会

発行者　日本司法福祉学会
　　　　（本部事務局）〒 284-0005　千葉県四街道市四街道 1-7-9 中島ビル 3 階
　　　　　　　　　　　よつかいどう法律事務所
　　　　　　　　　　　弁護士　松田和哲
　　　　　（委託事務局）〒 162-0801　東京都新宿区山吹町 358-5　アカデミーセンター
　　　　　　　　　　　Tel：03-6824-9376　Fax：03-5227-8631
　　　　　　　　　　　E-mail：jslfss-post@kokusaibunken.jp

発　売　株式会社生活書院
　　　　　〒 160-0008　東京都新宿区四谷三栄町 6-5　木原ビル 303
　　　　　　　　　　Tel：03-3226-1203　Fax：03-3226-1204